Python ハンディプログラミング事典

Python Programming Handy Reference Manual

実教出版

目次 Contents

引数の略語一覧

略語	内容	意味
Str	文字列	文字列 String を 3 文字に省略し，文字列を表す。
Lst	リスト	リスト List を 3 文字に省略し，リストを表す。
Tpl	タプル	タプル Tuple を 3 文字に省略し，タプルを表す。
Dic	辞書	辞書 Dictionary を 3 文字に省略し，辞書を表す。
Set	集合	集合 Set をそのまま使用し，集合を表す。
Obj	オブジェクト	リストや辞書など複数のデータが指定可能なことを表す。
File	ファイル	ファイルを表す。
x,X,a,…	変数	変数や引数で指定する数値や文字を表す。
XY,…	オプション	2 つのモードを指定するオプションを表す。

◆ はじめに

Python（パイソン）とは

Python は，コードの読みやすさを重視して設計されたプログラミング言語で，少ないコード量で，わかりやすいプログラムを作ることができます。また，アプリケーション開発・科学技術計算・Web システム・人工知能を用いた機械学習など幅広い分野で利用することができることから，世界的にも人気のある言語となっています。

Python でプログラムを作るには

Python 公式サイト（https://www.python.org/）では，さまざまな OS（Windows, MacOS, Linux など）に対応したインストーラーを公開しており，使用するパソコンで Python が利用できる環境を作ることができます。

ダウンロードした Python インストーラーを実行すると，プログラムの作成や実行を効率よく行うことができる標準の統合開発環境「IDLE」も使えるようになります。統合開発環境には，Microsoft 社が提供している「Visual Studio Code」などもあります。

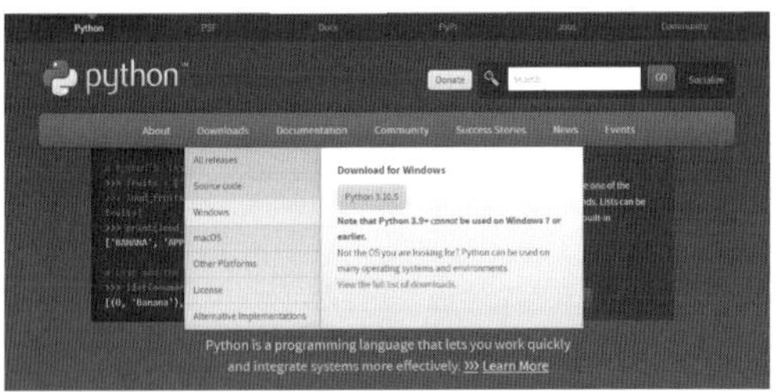

※本書では Python のバージョン３以降に対応しています。
※本書の付録にインストールや設定の手順を掲載しています。

◆本書の特徴

Pythonでプログラムを作成する際に，よく使う命令や関数などを厳選して掲載しています。また，命令や関数を機能ごとにまとめ，検索しやすく，類似のコマンドも一覧できる事典としました。

例えば，右のような条件によって2つの処理に分岐するようなプログラムを作成する場合は，以下のように調べるとよいでしょう。

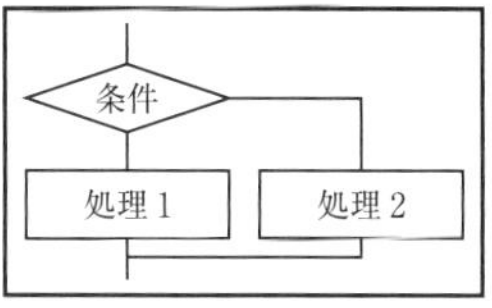

①インデックスを活用して「分岐処理」のページを開く。
②該当する処理の内容「2つの処理に分岐」を探す。
③「`if ~ else ~`」の機能や解説，使用例などを参考にする。

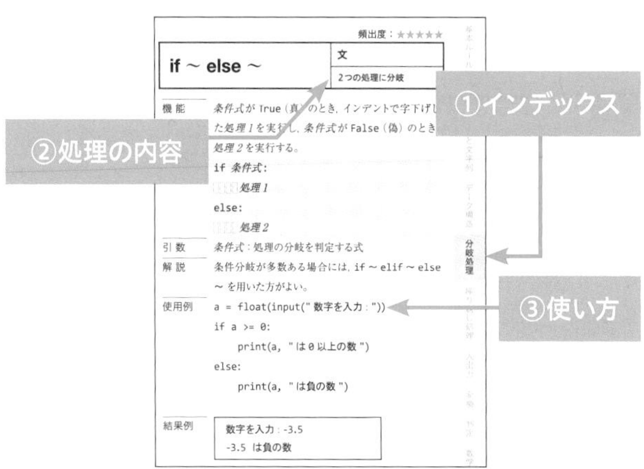

上記以外にも各ページ下部にある関連用語や，巻末の索引を活用して調べることもできます。みなさんのプログラミングを助けるツールとして，いつでもどこでも持ち運ぶことができる本書を，ぜひ手元に置いて活用してください。

◆Pythonプログラミングの基本ルール

Pythonを使用してプログラムを作成するには，基本的なルールがある。

1 文の書き方と実行順

左端から詰めて，文頭を揃えて記述する。

```
x = 2     ○正しい例
y = 3
z = x * y
```

```
x = 2     ×誤った例
□□□□y = 3
z = x * y
```

必要なインデント以外で，文頭にスペース（空白）を記述すると，エラー（`IndentationError: unexpected indent`）となる。

1行には，原則として1つの文を記述し，改行しておく。また，Pythonのプログラムは，基本的に上から順に実行される。

2 インデント（字下げ）とコロン

```
if 条件式：
□□□□処理1
□□□□処理2
else:
□□□□処理3
□□□□処理4
    ⋮

def 関数名():
□□□□
□□□□
    ⋮

class クラス名():
□□□□
□□□□
    ⋮
```

`if`，`while`，`for`などの制御構文と関数やクラスの定義については，処理のまとまりであるブロックを表現するために，インデント（字下げ）をする。

Pythonでは，半角スペース4つ分のインデント（字下げ）が推奨されている。

また，各ブロックの先頭行の最後にはコロン（:）を付ける。

コロンを付け忘れると，エラー（`SyntaxError: expected ':'`）となる。

ブロックの最後にコロン（:）は付けず，インデントのみでブロックを表すことに注意する。

3 変数とデータ型

変数は，数値や文字列を格納しておく入れ物のようなものである。Python では，格納するデータの値によってデータ型が自動的に決定される。主なデータ型には，以下のものがある。

データ型	分類	格納データの例
int	整数型（数値型）	0，2022，-100
float	浮動小数型（数値型）	3.1415，-1.414
str	文字列型	"Hello Python"，'123'
bool	ブール型	真偽値　True（真），false（偽）
list	リスト型	[1,2,3]
tuple	タプル型	(1,2,3)
set	集合型	{1,2,3}
dict	辞書型	{"one": 1, "two": 2, "three": 3}

また，変数名を付けるときは，英数字とアンダースコア（_）を使用する。数字で始まる変数名や Python の組み込み関数などと同じ名前（例：print，for）を付けることはできない。

4 複数データの管理

Python には複数のデータを管理するために，リスト，タプル，辞書，集合型の変数がある。

❶ リスト【list】…書式　[data1, data2, data3, …]

複数の値をまとめるために使われるデータ型のうち，最も汎用性が高く，よく使用されるのはリストである。リストは，書き換えが必要な複数のデータを格納するために使用し，他の言語では配列といわれている。

リストは，[] 記号で囲み，[] 内の複数の値をカンマ「,」で区切ったデータである。リスト内の値を要素といい，それぞれの要素にはインデックス（要素番号）という 0 から始まる番号が付いている。次ページの例では，要素 a[0] の値は 1，要素 a[1] の値は 2，要素 a[2] の値は 3 となる。

使用例

```
a = [1, 2, 3]
print(a[0])
```

結果例

```
1
```

リストの要素には，= 記号を使って値を代入することができる。以下の例では，最後の要素 a[2] に 4 を代入している。

使用例

```
a = [1, 2, 3]
a[2] = 4
print(a)
```

結果例

```
[1, 2, 4]
```

要素番号を負の数にすると，最後から数えて要素を指定することができる。

使用例

```
b = [4, 5, 6]
print(b[-2])
```

結果例

```
5
```

また，リストは別のリストを要素とすることができ，このようなリストを多次元リスト（または多重リスト）という。

以下の例では，2次元（1つの要素に2つの要素を持つ）リストについて，c[0] を指定して，2次元リストの最初の要素（リスト）を画面に表示している。

使用例

```
c = [[7, 8], [9, 10]]
print(c[0])
```

結果例

```
[7, 8]
```

さらに，以下のようにc[0]をc[[0][1]]に変更すると，2次元リスト内の最初の要素（リスト）である[7, 8]の，要素番号1である要素8だけが画面に表示されるようになる。

使用例

```
c = [[7, 8], [9, 10]]
print(c[0][1])
```

結果例

```
8
```

これまで紹介したリストを1次元リストともいい，1次元リストを要素に持つリストを2次元リスト，2次元リストを要素に持つリストを3次元リストという。

2次元リスト…[1次元リスト1，1次元リスト2，…]

3次元リスト…[2次元リスト1，2次元リスト2，…]

❷ タプル【tuple】…書式　(data1, data2, data3, …)

リストの[]を()に置き換えたデータをタプルという。タプルもリストと同様に，要素をカンマで区切って並べ，要素番号により要素を指定することができる。

使用例

```
a = (1, 2, 3)
print(a[1])
```

結果例

```
2
```

タプルは要素の値が変更できないことが，リストとの最大の違いである。リストのように=記号を使って，値を代入しようとするとエラーとなる。この特徴から，タプルは書き換えの必要がない複数のデータを格納するために使用されることが多い。また，大量の繰り返し処理等を実行した場合，リストよりタプルを使用した方が，高速に処理できる。

❸辞書【dict】…書式 {key1:data1, key2:data2, key3:data3, …}

{} 記号で囲み，キーと値の 2 つの値をコロン「:」でつないだ複数のデータを，カンマ「,」で区切ったまとまりを辞書という。

キーと値の 2 つをまとめて要素といい，以下の例では，要素 a["2 月 "] の値は 28 となる。

使用例

```
a = {"1 月 ": 31, "2 月 ": 28, "3 月 ": 31}
print(a["2 月 "])
```

結果例

```
28
```

❹集合【set】…書式 {data1, data2, data3, …}

{} 記号で囲み，{} の複数の値をカンマ「,」で区切ったまとまりを集合という。集合内の値を要素といい，リストやタプルとは異なり，それぞれの要素に順序やインデックス(要素番号) はなく，要素の値は重複できない。以下の例では，集合を作成する際に重複する要素の 1 と 2 は，集合の要素から省かれている。

使用例

```
a = {1, 2, 3, 2, 1}
print(a)
```

結果例

```
{1, 2, 3}
```

これまでに紹介したリストやタプル，辞書，集合の変数は，他の言語とは異なり，それぞれの要素に異なるデータ型を格納することができる。

使用例

```
a = {24, 3.8, "B"}
print(a)
```

結果例

```
{24, 3.8, 'B'}
```

5 関数とメソッド

関数は，引数を受け取り，処理結果を戻り値として返す処理を行うものである。例えば，画面表示の print() 関数に代表される Python の組み込み関数や，def 文によりプログラム内で定義した関数などがある。以下の例では，２つの引数を加えた結果を返す add() 関数を定義して，引数 1 と 2 を渡して実行し，戻り値 3 を変数 a に代入して，画面に表示している。

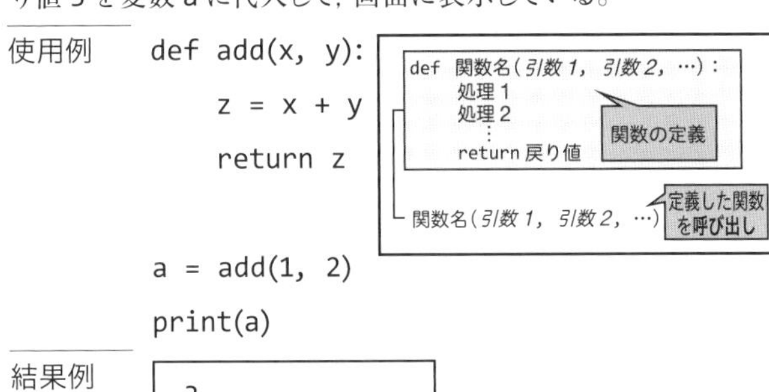

使用例

```
def add(x, y):
    z = x + y
    return z

a = add(1, 2)
print(a)
```

結果例

```
3
```

メソッドは，変数やリストなどのデータに対して実行したい命令を，データとドット「.」に続けて記述することで，データに対して処理を行うものである。

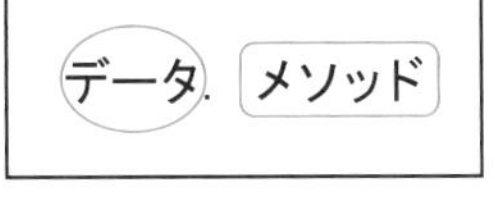

以下の例では，要素の削除をする .remove メソッドを使用して，リスト L の要素 "B" を削除して，画面に表示している。

使用例

```
L=["A", "B", "C"]
L.remove("B")
print(L)
```

結果例

```
['A', 'C']
```

頻出度：★★★★★

# 算術演算子	**演算子**
	使用した演算子で計算

機能　(+ の場合) 変数 1 と変数 2 を足す。

書式　*変数 1* + *変数 2*

解説　*変数 1*, *変数 2* には，定数 (数値) を使用してもよい。
文字列に使用できる演算子もある。

使用例

```
a = 5
b = 2
c = a + b
print(c)
```

結果例

```
7
```

主な算術演算子

演算子	使用例	意　味	結果
+	5 + 2	5 と 2 を足す。	7
-	5 - 2	5 から 2 を引く。	3
*	5 * 2	5 と 2 をかける。	10
/	5 / 2	5 を 2 で割る。	2.5
//	5 // 2	5 を 2 で割る (小数点以下切り捨て)。	2
%	5 % 2	5 を 2 で割った余り。	1
**	5 ** 2	5 を 2 乗する。	25

関連用語　文字列演算子 ➡ p.16

代入演算子

演算子
使用した演算子で計算

機能　(= の場合) 変数 2 を変数 1 に代入する。

書式　*変数 1 = 変数 2*

解説　*変数 2* には定数 (数値) を使用してもよい。

代入演算子「=」と算術演算子を組み合わせた累算代入演算子は，繰り返し処理で使うことが多い。

使用例

```
a = 8
print(a)
a += 100
print(a)
```

結果例

```
8
108
```

主な代入演算子

演算子	使用例	意　味	同じ意味の式
=	a = 1	a に 1 を代入。	---
+=	a += 1	a と 1 を足して a に代入。	a = a + 1
-=	a -= 2	a から 2 を引いて a に代入。	a = a - 2
*=	a *= 3	a と 3 をかけて a に代入。	a = a * 3
/=	a /= 4	a を 4 で割って a に代入。	a = a / 4
//=	a //= 5	a を 5 で割って (小数点以下切り捨て)a に代入。	a = a // 5
%=	a %= 4	a を 4 で割った余りを a に代入。	a = a % 4
**=	a **= 3	a を 3 乗して a に代入。	a = a ** 3

関連用語　繰り返し処理 ➡ p.70～79

頻出度：★★★★★

# 比較演算子	演算子
	比較して真偽を判定

機能　(== の場合) 変数 1 と変数 2 を比較して，等しいとき True（真），等しくないとき False（偽）を返す。

書式　*変数 1* == *変数 2*

解説　分岐処理や繰り返し処理の条件判定で使うことが多い。変数には，定数（数値）を使用してもよい。

使用例

```
a = 5
b = 2
print(a == b)
```

結果例

```
False
```

主な比較演算子

演算子	使用例	意　味	結果
==	5 == 2	5 と 2 が等しい。	False
<	5 < 2	5 は 2 より小さい。	False
>	5 > 2	5 は 2 より大きい。	True
<=	5 <= 2	5 は 2 以下。	False
>=	5 >= 2	5 は 2 以上。	True
!=	5 != 2	5 と 2 は等しくない。	True

関連用語　分岐処理 ➡ p.66〜69，繰り返し処理 ➡ p.70〜79

論理演算子

演算子

条件で真偽判定

機能

（and の場合）条件式 1 と条件式 2 のどちらも True（真）のとき True（真），それ以外は False（偽）を返す。

書式

条件式 1 and *条件式 2*

解説

各条件式に () をつけてもよい。使用例の 2 行目は，b = (1 < a) and (a < 10) としてもよい。分岐処理や繰り返し処理の条件判定で使うことが多い。

使用例

```
a = 5
b = 1 < a and a < 10
print(b)
```

結果例

```
True
```

主な論理演算子　※ A, B は条件式

演算子	使用例	意　味
and	A and B	A かつ B … A と B のどちらも True（真）のとき True（真），それ以外は False（偽）。
or	A or B	A または B … A と B のどちらも False（偽）のとき False（偽），それ以外は True（真）。
not	not A	A ではない … A ではないとき True（真），それ以外は False（偽）。

関連用語　分岐処理 ➡ p.66～69，繰り返し処理 ➡ p.70～79

頻出度：★★★☆☆

文字列演算子

演算子	
文字列で使用できる演算子	

機 能　（+ の場合）文字列 1 と文字列 2 を結合する。

書 式　*文字列 1* + *文字列 2*

解 説　各文字列には，変数（文字列）を使用してもよい。特定の文字列を指定する場合は，シングルクォーテーション「'」またはダブルクォーテーション「"」で囲む。

使用例

```
a = 'プロ'      ←「'」を使用
b = "グラム"    ←「"」を使用
print(a + b)
print(a * 3)
```

結果例

```
プログラム
プロプロプロ
```

文字列で使用できる主な演算子

演算子	使用例	意　味
=	a = 文字列	a に文字列を代入する。
+	a + b	文字列 a と文字列 b を結合する。
*	a * 3	文字列 a を 3 回繰り返す。

関連用語　算術演算子 ➡ p.12，文字列 ➡ p.23

演算子の優先順位

Pythonでは1行で表した式は，基本的に左から右へ計算していきます。複数の演算子を使用する場合は，優先順位の高いものから順に計算していきます。これまで紹介した主な演算子の優先順位は，下の表の通りです。

順位	演算子	意　味
1	( )	かっこ内を優先
2	**	べき乗
3	* , / , // , %	かけ算，割り算， 切り捨て割り算，剰余
4	+ , -	足し算，引き算
5	< , <= , > , >= , != , ==	比較
6	not	否定
7	and	かつ
8	or	または

(3 + 7) * 5という式の場合，最初に3 + 7を計算し，その結果である10に5をかけて，50という結果になります。

演算子の優先順位に慣れるために「Four 4S」というゲームを紹介します。このゲームのルールは「4つの4」と演算子「(), +, -, *, /」だけを使って，指定された数を作ります。

例えば「4 + 4 - 4 - 4」とすると，結果は「0」となります。「(4 + 4) / 4 + 4」とすれば，結果は「6」となります。このようにして「0」から「9」まで作ってみましょう。

うまくできたら「10」から「20」までの数に挑戦してみてください。「15」「16」「17」は比較的簡単に作れますが，それ以外の数は，他の記号や工夫（2つの4で44にする等）が必要です。

頻出度：★★★★★

# コメント	文
	コメントを記述

機能 #記号の後からその行の終わりまで，記述した内容がプログラム的に無視されるコメント行になる。

書式 #コメント

解説 行の先頭または途中から記述することができ，プログラムの実行には影響を与えない。コメントにはプログラムの機能や注意点などを記述しておくことが多い。

使用例

```
# 消費税込みの価格を計算する
a = 980
zei = 0.1 # 税率を小数で指定する (10%は 0.1)
b = a * (1 + zei)
print(b)
```

結果例

```
1078.0
```

コラム 複数行にわたるコメント (docstring)

#記号を複数回使用して，複数行にわたるコメントを記述できます。

```
# コメント 1
# コメント 2
# コメント 3
```

また，「'」3つまたは「"」3つで囲んだ部分に複数行にわたるコメントを記述できます。これを docstring と呼び，定義した関数やクラスの説明文として，よく使用します。その際，関数やクラス名の後の「:」に続いて docstring を記述する必要があります。

```
def function():
'''   ← docstring の開始
定義した関数の機能説明
（複数行指定できる）
'''   ← docstring の終了
（以降は省略）
```

¥エスケープシーケンス

書式

エスケープシーケンスの活用

機 能	¥記号に続いて指定した文字 x によって，通常の文字列では表せない改行やタブなどを表示する。
書 式	¥x
解 説	¥記号が入力できない環境の場合，半角の＼（バックスラッシュ）記号を使用する。
使用例	print("ABC¥nXYZ")
結果例	ABC XYZ

主なエスケープシーケンス

¥x	意味	使用例	結果
¥n	改行	print("ABC¥nXYZ")	ABC XYZ
¥r	復帰	print("ABC¥rXY")	XYC
¥t	タブ	print("ABC¥tXYZ")	ABC　XYZ
¥'	'の表示	print("Let¥'s go")	Let's go
¥"	"の表示	print("¥"で囲む")	"で囲む
¥¥	¥の表示	print("¥¥100")	¥100

※復帰の補足…¥rによって文字列の先頭にカーソルが移動するため，¥rの前にある文字列に¥rの後にある文字列が上書きされる。

※「'」「"」の表示…表示したい文字列の中に「'」「"」がある場合は，エスケープシーケンスを使用する必要がある。

関連用語　文字列 ➡ p.23

頻出度：★★★☆☆

% 書式

書式

文字列に値や書式を設定

機 能　指定した書式を設定して，引数の値を埋め込んだ文字列として表示する。

書 式　"*a*%*b*"　%*x*

（*x* で指定した数値を *a* で指定した書式で表示）

引 数　*a*：文字列　　*b*：埋め込む値の書式

x：1つの値を渡す場合は，数値や変数

複数の値を渡す場合はタプル

解 説　指定できる主な書式は以下の通り。

【主な書式】

%d…10 進数，%o…8 進数，%x…16 進数，

%f…実数，%s…文字列

%.2f…小数点以下 2 桁で丸める

%04d…4 文字で右揃え（不足桁は 0）

%8d…8 文字で右揃え（不足桁は空白）

%-8d…8 文字で左揃え（不足桁は空白）

使用例

```
a = 3.1416
print("円周率は %.2f" %a)
c = 15
print("8 進数では %4o, 16 進数では %04x"
%(c, c))
```

結果例

```
円周率は 3.14
8 進数では   17, 16 進数では 000f
```

関連用語　.format() ➡ p.21，f 文字列 ➡ p.22

頻出度：★★★☆☆

.format()

メソッド

文字列に値や書式を設定

機能	指定した書式を設定して，引数の値を埋め込んだ文字列として表示する。
書式	*a*{:*b*}.format(*x*, *y*, …)
引数	*a*：文字列　　*b*：埋め込む値の書式 *x*, *y*, …：埋め込みたい変数
解説	指定できる主な書式は以下の通り。

【主な書式】:,…3 桁ごとのカンマ区切り
:d…10 進数，:b…2 進数，:x…16 進数，
:f…実数，:s…文字列，:%…パーセント表示
:.2f…小数点以下 2 桁で丸める
:04x…16 進数 4 文字で右揃え（不足桁は 0）
:>8b…2 進数 8 文字で右揃え（不足桁は空白）
:^8b…2 進数 8 文字で中央揃え（不足桁は空白）
:<8b…2 進数 8 文字で左揃え（不足桁は空白）

使用例

```
a = 3.1416
print("円周率は{:.2f}".format(a))
c = 15
print("2進数では{:>8b}, 16進数では{:04x}"
.format(c,c))
```

結果例

```
円周率は3.14
2進数では    1111, 16進数では000f
```

関連用語　% 書式 ➡ p.20，f 文字列 ➡ p.22

頻出度：★★★★☆

f 文字列	書式 文字列に値や書式を設定

機能	指定した書式を設定して，引数の値を埋め込んだ文字列として表示する。
書式	f"*a*{*x*:*b*}"（文字列の前に f または F をつける）
引数	*a*：文字列　　*b*：埋め込む値の書式 *x*：埋め込みたい変数
解説	f 文字列（フォーマット文字列）は，Python3.6 以降で使用でき，% や .format() より簡単に書式設定できる。 指定できる主な書式は以下の通り。 【主な書式】　:,…3 桁ごとのカンマ区切り :d…10 進数，:b…2 進数，:x…16 進数， :f…実数，:s…文字列，:%…パーセント表示 :.2f…小数点以下 2 桁で丸める :04x…16 進数 4 文字で右揃え（不足桁は 0） :>8b…2 進数 8 文字で右揃え（不足桁は空白） :^8b…2 進数 8 文字で中央揃え（不足桁は空白） :<8b…2 進数 8 文字で左揃え（不足桁は空白）

使用例

```
a = 3.1416
print(f"円周率は{a:.2f}")
c = 15
print(f"2進数では{c:>8b}, 16進数では
{c:04x}")
```

結果例

```
円周率は3.14
2進数では     1111, 16進数では000f
```

関連用語　% 書式 ➡ p.20，.format() ➡ p.21

頻出度：★★★★★

' ～ '　" ～ "	**書式**
	文字列の指定

機能　シングルクォーテーション「'」またはダブルクォーテーション「"」で囲まれた部分を文字列とする。

書式　' *文字列* '　または　" *文字列* "

引数　なし

解説　同じ記号をペアで「' ～ '」「" ～ "」のように使用する。文字列の中に「'」があるときは「"」で文字列全体を囲む。文字列の中に「"」があるときは「'」で文字列全体を囲む。複数行にわたる文字列を指定する場合は「'」または「"」を3個つなげた「'''」または「"""」で文字列全体を囲む。

使用例

```
a = "Let's go"
b = '文字列は "" で囲む'
c = '''Hello  ← 複数行にわたる文字列
Python'''
print(a)
print(b)
print(c)
```

結果例

```
Let's go
文字列は "" で囲む
Hello
Python
```

関連用語　# コメント ➡ p.18

頻出度：★★★☆☆

.split()	メソッド 文字列の分割

機能	指定した区切り文字と回数で，文字列を分割する。
書式	*Str*.split(*x*, *y*)
引数	*Str*：分割したい文字列 *x*：区切り文字（省略可能） *y*：分割する回数（省略可能）
戻り値	*x* で指定した区切り文字と *y* で指定した回数で文字列 *Str* を分割し，リスト型で返す。
解説	*x* を省略した場合は，スペースが区切り文字になる。 *y* を省略した場合は，文字列内にあるすべての区切り文字で分割する。

使用例

```
a = "This is a book."
b = a.split()  ← 区切り文字，回数とも省略
c = a.split(" ", 1)  ←区切り文字スペース回数1を指定
print(a)
print(b)
print(c)
```

結果例

```
This is a book.
['This', 'is', 'a', 'book.']
['This', 'is a book.']
```

頻出度：★★★☆☆

.join( )	メソッド
	文字列の結合

機能 指定した区切り文字で，文字列を結合する。

書式 *x*.join(*Obj*)

引数 *x*：区切り文字

Obj：結合したい要素を持つリストやタプル，辞書，集合

戻り値 *x* で指定した区切り文字で *Obj* 内の文字列を結合し，文字列型で返す。

解説 区切り文字に「""」(null) を指定した場合は，*Obj* 内の文字列同士を単純に結合する。

使用例

```
a = ["123", "456", "789"]
b = "".join(a)   ← 区切り文字に "" (null) 指定
c = "#".join(a)   ← 区切り文字に # 指定
print(a)
print(b)
print(c)
```

結果例

```
['123', '456', '789']
123456789
123#456#789
```

基本ルール 演算子 書式と文字列 データ構造 分岐処理 繰り返し処理 入出力 変換 判定 数学 クラス オブジェクト システム

頻出度：★★★☆☆

.replace()

メソッド

文字列の置換

機能	文字列内の文字を置換する。
書式	*Str*.replace(*x*, *y*, *z*)
引数	*Str*：置換される文字列 *x*：置換対象の文字 *y*：置換後の文字 *z*：置換する回数（省略可能）
戻り値	文字列 *Str* 内にある *x* で指定した文字を，*y* で指定した文字に，*z* で指定した回数置換して，文字列型として返す。
解説	*z* を省略した場合は，文字列内すべての置換対象文字について置換される。

使用例

```
a = "This is a book."
b = a.replace(" ", "*")   ← スペースを * に置換
c = a.replace("is", "at", 1)   ←is を at に 1 回置換
print(a)
print(b)
print(c)
```

結果例

```
This is a book.
This*is*a*book.
That is a book.
```

頻出度：★★★☆☆

.find()

メソッド

文字列の検索

機能	文字列内の文字を検索する。
書式	*Str*.find(*x*, *y*, *z*)
引数	*Str*：文字列 *x*：検索対象の文字 *y*：検索範囲を開始する要素番号（省略可能） *z*：検索範囲を終了する要素番号（省略可能）
戻り値	文字列 *Str* 内にある *x* で指定した文字を，*y* で指定した要素番号から，*z* で指定した要素番号までの範囲を検索して，最初に見つかった文字の要素番号を数値型で返す。
解説	検索する文字が見つからなかった場合は「-1」を返す。要素番号は先頭が 0（ゼロ）であることに注意する。

使用例

```
a = "This is a book."
b = a.find("b")
c = a.find("i", 4, 14)  ←5文字目から最後までiを検索
print(a)
print(b)
print(c)
```

結果例

```
This is a book.
10
5
```

※要素番号は T→0（番目），h→1，i→2，…となる。

頻出度：★★★☆☆

.count( )	メソッド 文字のカウント

機能	文字列内の文字をカウントする。
書式	*Str*.count(*x*, *y*, *z*)
引数	*Str*：文字数をカウントしたい文字列 *x*：カウント対象の文字 *y*：検索範囲を開始する要素番号（省略可能） *z*：検索範囲を終了する要素番号（省略可能）
戻り値	文字列 *Str* 内にある *x* で指定した文字を，*y* で指定した要素番号から，*z* で指定した要素番号までの範囲を検索して，見つかった文字の個数を返す。
解説	*x* が見つからなかった場合は「0」を返す。要素番号は先頭が「0」であることに注意する。

使用例

```
a = "This is a book."
b = a.count("s")
c = a.count("a", 10, 14)   ←「book.」内の a をカウント
print(a)
print(b)
print(c)
```

結果例

```
This is a book.
2
0
```

※要素番号は T→0（番目），h→1，i→2，…となる。

.strip( )　.rstrip( )　.lstrip( )	メソッド
	文字列の削除

機能　文字列の両端にある指定した文字を削除する。

書式　*Str*.strip(*x*)

引数　*Str*：両端から文字を削除したい文字列

x：削除したい文字（省略可能）

戻り値　文字列 *Str* の両端にある *x* で指定した文字を削除して，文字列型として返す。

解説　*x* を省略すると，スペースが削除する文字となる。なお，右端のみ削除する場合は .rstrip を，左端のみ削除する場合は .lstrip を使用する。

使用例

```
a = "   123 456 789   "
b = a.strip()   ← 両端からスペースを削除
c = a.rstrip()  ← 右端からスペースを削除
d = a.lstrip()  ← 左端からスペースを削除
print(a)
print(b)
print(c)
print(d)
```

結果例

```
   123 456 789   
123 456 789
   123 456 789
123 456 789   
```

※□はスペースを表現

頻出度：★★★☆☆

.title( )　.upper( )　.lower( )	メソッド
	文字列の大・小文字変換

機能	文字列の先頭の文字のみ大文字に変換する。
書式	*Str*.title()
引数	*Str*：先頭の文字を大文字に変換したい文字列
戻り値	文字列 *Str* の各単語について，先頭の文字のみ大文字に変換して，文字列型として返す。
解説	文字列の文字すべてを大文字に変換したい場合は .upper を，小文字に変換したい場合は .lower を使用する。

使用例

```
a = "This is a book."
b = a.title()   ← 単語の先頭のみ大文字に変換
c = a.upper()   ← すべてを大文字に変換
d = a.lower()   ← すべてを小文字に変換
print(a)
print(b)
print(c)
print(d)
```

結果例

```
This is a book
This Is A Book.
THIS IS A BOOK.
this is a book.
```

.center()　.rjust()　.ljust()

メソッド

文字列の中央・右・左揃え

機能　文字列を中央揃えし，指定した長さにする。不足分は指定した文字で埋める。

書式　*Str*.center(*x*, *y*)

引数　*Str*：中央揃えしたい文字列

x：出力したい文字列の長さ

y：不足する際に埋める文字（省略可能）

戻り値　文字列 *Str* を中央揃えし，*x* で指定した長さにする。不足分は *y* の文字で埋めて，文字列型として返す。

解説　*y* を省略するとスペースが不足する際に埋める文字となる。指定した長さが元の文字列に満たない場合は，元の文字列を返す。埋める文字数が奇数の場合は右側が 1 文字多くなる。なお，右揃えしたい場合は .rjust を，左揃えしたい場合は .ljust を使用する。

使用例

```
a = "Python"
b = a.center(9, "*")   ← 9 文字（* で埋める）で中央揃え
c = a.rjust(10)   ← 10 文字（スペースで埋める）で右揃え
print(a)
print(b)
print(c)
```

結果例

```
Python
**Python*
    Python
```

※□はスペースを表現

関連用語　.zfill() ➡ p.32

頻出度：★★★☆☆

.zfill()

メソッド

文字列の右揃えとゼロ埋め

機能	文字列を右揃えし，指定した長さにする。不足分は「0」で埋める。
書式	*Str*.zfill(*x*)
引数	*Str*：ゼロ埋めと右揃えしたい文字列 *x*：出力したい文字列の長さ
戻り値	文字列 *Str* を右揃えし，*x* で指定した長さにする。不足分は「0」で埋めて，文字列型として返す。
解説	文字列に符号がある場合は，符号が左端になる。符号も 1 文字として扱う。

使用例

```
a = "-123"
b = a.zfill(8)   ← 8 文字（0 で埋める）で右揃え
c = a.rjust(8, "0")   ←【参考】rjust による右揃え
print(a)
print(b)
print(c)
```

結果例

```
-123
-0000123
0000-123
```

【参考】 .zfill…符号は左端にして 0 を埋める
.rjust… 符号の左に 0 を埋める

関連用語 .rjust() ➡ p.31

# ascii()	関数
	文字列に変換

機能　数値または文字列を，文字列に変換する。

書式　ascii(*Obj*)

引数　*Obj*：数値または文字列

戻り値　*Obj* の印字可能な表現を含む文字列型で返す。

解説　印字可能文字とは，数字やアルファベット，記号など規定された 128 文字を表す。エスケープシーケンスはそのまま表示される。日本語や全角文字は含まれない。

使用例

```
a = 123
b = ascii(a)
c = ascii("123¥n45")
d = ascii("あ")
print(a * 2)
print(b * 2)
print(c)
print(d)
```

結果例

```
246              ←123×2 を表示
123123           ←'123'を 2 回連続で表示
'123¥n45'
'¥u3042'         ←unicode の 3042
```

関連用語　¥n ⇒ p.19

頻出度：★★☆☆☆

# chr()	関数
	ASCII 文字に変換

機能	整数を ASCII 文字に変換する。
書式	chr(x)
引数	x: ASCII 文字に変換したい整数値
戻り値	ASCII 値が x である文字を表す文字列を返す。
解説	文字を指定して，その文字の ASCII 値を求めたいときは ord() を使う。

使用例

```
a = chr(99)
print(a)
```

結果例

```
c
```

関連用語 ord() ➡ p.100

頻出度：★★★☆☆

str( )	関数
	値を文字列に変換

機能　値を文字列に変換する。主に数値を文字列として扱いたいときに使用する。

書式　str(*Obj*)

引数　*Obj*：文字列に変換したい数値や変数

戻り値　*Obj* で指定した値を文字列型で返す。

解説　真偽値である True（真）や False（偽）を *Obj* に指定することもできる。また，文字列型で返されるため，エスケープシーケンスは実行される。

使用例

```
a = 7
b = str(a)
c = a * 3
d = b * 3
e = str("Hello¥nPython")
print(c)
print(d)
print(e)
```

結果例

```
21
777
Hello
Python
```

関連用語　¥ ➡ p.19

基本ルール　演算子　書式と文字列　データ構造　分岐処理　繰り返し処理　入出力　変換　判定　数学　クラス　オブジェクト　システム

頻出度：★★★☆☆

datetime.time.now()

標準ライブラリ

日付と時刻の利用

機 能	現在の時刻を取得する。
書 式	`import datetime` （プログラムの最初に記述） `x = datetime.time.now()`
引 数	なし
戻り値	変数 x に現在の時刻を time 型で返す。
解 説	datetime.time.now() は標準モジュールの関数なので，使用する前に datetime ライブラリをインポートしておく必要がある。datetime.time.now() と同様に使用できる主な関数等には，以下のものがある。

書 式	戻り値
datetime.datetime.now()	現在の日付と時刻を取得
datetime.date.today()	現在の日付を取得
datetime.weekday(y, m, d)	y 年 m 月 d 日の曜日の値を取得
datetime.datetime.strftime(x, 書式)	x を文字列型に変換

使用例 1 実行した現在の日付と時刻の表示

※表示結果の書式は，% に続いて Y 年，m 月，d 月，H 時，M 分，S 秒のように指定する。

```
import datetime  ← 標準ライブラリ datetime の読込
a = datetime.datetime.now()  ← 現在の日付と時刻を取得
print(a)  ← 現在の日付と時刻を表示
b = datetime.datetime.strftime(a, "%Y 年 %m 月 %d
日 %H 時 %M 分 %S 秒 ")  ← 書式を指定して文字列型に変換
print(b)
```

結果例 1

```
2022-12-31 12:34:56.000000
2022年12月31日 12時34分56秒
```

使用例 2 実行した日付から曜日の取得と日付の差の計算

※ datetime をインポートする際に別名を付けておくと，プログラム内で利用しやすくなる。

※曜日の値は，月 0，火 1，水 2，木 3，金 4，土 5，日 6 である。

```
import datetime as dt  ← datetimeに別名dtを付けて読込
youbi = ["月", "火", "水", "木", "金", "土", "日"]
                                    ↑ 曜日のリスト
c = dt.datetime.now()  ← 現在の日付と時刻を取得
d = dt.datetime.weekday(c)  ← 曜日の数値0～6を取得
print(f"今日は{youbi[d]}曜日です")  ← 曜日の数値を
              要素番号に持つ要素をリストから取得して表示
start = dt.date(year = 2022, month = 1, day = 1)
                                    ↑ 最初の日付
end = dt.date(year = 2023, month = 1, day = 1)
                                    ↑ 最後の日付
diff = end - start  ← 2つの日付の差を求める
print(diff)  ← 日付の差を表示
print(diff.days)  ← 日付の差を日単位で表示
```

結果例 2

```
今日は水曜日です
365 days, 0:00:00
365
```

関連用語 import ➡ p.158，import ～ as ➡ p.159

頻出度：★★★☆☆

calendar.month()

標準ライブラリ

カレンダーの利用

機 能	指定した年，月の月間カレンダー（暦）を取得する。
書 式	`import calendar` （プログラムの最初に記述） x = `calendar.month(`Y,m`)`
引 数	Y：月間カレンダーの年 m：月間カレンダーの月
戻り値	変数 x に Y 年 m 月の月間カレンダーを文字列型で返す。週始まりは月曜日が標準である。
解 説	calendar.month() は標準モジュールの関数なので，使用する前に calendar ライブラリをインポートしておく必要がある。calendar.month() と同様に使用できる主な関数等には，以下のものがある。

書　式	戻り値
calendar.calendar(Y)	Y 年の年間カレンダーを取得
calendar.setfirstweekday(x)	x に週始まりの曜日の値を設定

使用例 1 月間カレンダーの取得

※週始まりの曜日の値は，月 0，火 1，水 2，木 3，金 4，土 5，日 6 である。

```
import calendar  ← 標準ライブラリ calendar の読込
calendar.setfirstweekday(6)  ← 週始まりを日曜に変更
mc = calendar.month(2023, 1)  ← 年月の指定
print(mc)  ← 月間カレンダーの表示
```

結果例 1

```
    January 2023
Su Mo Tu We Th Fr Sa
 1  2  3  4  5  6  7
 8  9 10 11 12 13 14
15 16 17 18 19 20 21
22 23 24 25 26 27 28
29 30 31
```

使用例 2 年間カレンダーの取得

※ calendar をインポートする際に別名を付けておくと，プログラム内で利用しやすくなる。

```
import calendar as cl     ← calendar に別名 cl を付けて読込
cl.setfirstweekday(6)    ← 週始まりを日曜に変更
yc = cl.calendar(2023)    ← 年の指定
print(yc)    ← 年間カレンダーの表示
```

結果例 2

```
                                  2023

      January                   February                   March
Su Mo Tu We Th Fr Sa      Su Mo Tu We Th Fr Sa      Su Mo Tu We Th Fr Sa
 1  2  3  4  5  6  7                1  2  3  4                1  2  3  4
 8  9 10 11 12 13 14       5  6  7  8  9 10 11       5  6  7  8  9 10 11
15 16 17 18 19 20 21      12 13 14 15 16 17 18      12 13 14 15 16 17 18
22 23 24 25 26 27 28      19 20 21 22 23 24 25      19 20 21 22 23 24 25
29 30 31                  26 27 28                  26 27 28 29 30 31

       April                      May                       June
Su Mo Tu We Th Fr Sa      Su Mo Tu We Th Fr Sa      Su Mo Tu We Th Fr Sa
                   1          1  2  3  4  5  6                   1  2  3
 2  3  4  5  6  7  8       7  8  9 10 11 12 13       4  5  6  7  8  9 10
 9 10 11 12 13 14 15      14 15 16 17 18 19 20      11 12 13 14 15 16 17
16 17 18 19 20 21 22      21 22 23 24 25 26 27      18 19 20 21 22 23 24
23 24 25 26 27 28 29      28 29 30 31               25 26 27 28 29 30
30

        July                     August                  September
Su Mo Tu We Th Fr Sa      Su Mo Tu We Th Fr Sa      Su Mo Tu We Th Fr Sa
                   1             1  2  3  4  5                      1  2
 2  3  4  5  6  7  8       6  7  8  9 10 11 12       3  4  5  6  7  8  9
 9 10 11 12 13 14 15      13 14 15 16 17 18 19      10 11 12 13 14 15 16
16 17 18 19 20 21 22      20 21 22 23 24 25 26      17 18 19 20 21 22 23
23 24 25 26 27 28 29      27 28 29 30 31            24 25 26 27 28 29 30
30 31

      October                   November                  December
Su Mo Tu We Th Fr Sa      Su Mo Tu We Th Fr Sa      Su Mo Tu We Th Fr Sa
 1  2  3  4  5  6  7                1  2  3  4                      1  2
 8  9 10 11 12 13 14       5  6  7  8  9 10 11       3  4  5  6  7  8  9
15 16 17 18 19 20 21      12 13 14 15 16 17 18      10 11 12 13 14 15 16
22 23 24 25 26 27 28      19 20 21 22 23 24 25      17 18 19 20 21 22 23
29 30 31                  26 27 28 29 30            24 25 26 27 28 29 30
                                                    31
```

関連用語 `import` ➡ p.158, `import ～ as` ➡ p.159

頻出度：★★★★★

list()

関数

リストに変換

機 能	指定した引数の要素を持つリストに変換する。
書 式	list(*Obj*)
引 数	*Obj*：リストに変換したいタプルや集合，辞書など（省略可能）
戻り値	*Obj* をリスト型に変換して返す。ただし，*Obj* が辞書のときはキー値をリストに変換して返す。
解 説	*Obj* を省略した場合は，要素の無いリストを作成する。また，range() と組み合わせて使うこともできる。

使用例

```
a = (1, 2, 3)
b = list(a)
c = {"name": "banana", "price": 120}
d = list(c)
e = list(range(1, 10, 2))
print(b)
print(d)
print(e)
```

結果例

```
[1, 2, 3]
['name', 'price']
[1, 3, 5, 7, 9]
```

関連用語 リスト ➡ p.7，range() ➡ p.73

tuple()

関数

タプルに変換

機能	指定した引数の要素をもつタプルに変換する。
書式	tuple(*Obj*)
引数	*Obj*：タプルに変換したいリストや，集合，辞書など（省略可能）
戻り値	*Obj* をタプル型に変換して返す。ただし，*Obj* が辞書のときはキー値をタプルに変換して返す。
解説	*Obj* を省略した場合は，要素の無いタプルを作成する。また，range() と組み合わせて使うこともできる。

使用例

```
a = ["red", "blue", "white"]
b = tuple(a)
c = {"rice": 100, "banana": 120}
d = tuple(c)
e = tuple(range(5))
print(b)
print(d)
print(e)
```

結果例

```
('red', 'blue', 'white')
('rice', 'banana')
(0, 1, 2, 3, 4)
```

関連用語　タプル ➡ p.9，range() ➡ p.73

頻出度：★★★☆☆

set()

関数

集合の作成

機能	指定した引数の要素を持つ集合を作成する。
書式	set(*Obj*)
引数	*Obj*：集合に変換したい文字列やリスト，タプル，辞書（省略可能）
戻り値	*Obj* で指定した文字列やリスト，タプル，辞書内の要素を持つ集合を作成し，集合型で返す。
解説	集合は重複なく，順序づけされていない（インデックス（要素番号）がない）要素を持つように作成される。*Obj* を省略すると，要素の無い集合を作成する。

使用例

```
a = set("Hello")
b = set(["4月", "5月", "4月"])
c = set()
print(a)
print(b)
print(c)
```

結果例

```
{'o', 'e', 'l', 'H'}
{'5月', '4月'}
set()
```

※集合内の要素の順序は，異なることがある

関連用語 集合 ➡ p.10，frozenset() ➡ p.43

頻出度：★★★☆☆

frozenset()	**関数**
	変更不可能な集合の作成

機能　指定した引数の要素を持つ変更不可能な集合を作成する。

書式　frozenset(*Obj*)

引数　*Obj*：変更不可能な集合に変換したい文字列やリスト，タプル，辞書（省略可能）

戻り値　*Obj* で指定した文字列やリスト，タプル，辞書内の要素を持つ集合を作成し，集合型で返す。

解説　指定した集合の要素は，追加や削除などの変更は不可能である。変更可能な集合を利用したい場合は set() を用いる。*Obj* を省略すると，要素の無い変更不可能な集合を作成する。

使用例

```
a = (1, 3, 5, 7, 9, 7, 9, 1)
b = frozenset(a)
c = (2, 3, 4, 5, 4, 3, 5, 6)
d = frozenset(c)
print(b)
print(d)
print(b | d)  ←bとdの和集合（すべての要素）を出力
print(b & d)  ←bとdの積集合（共通部分）を出力
```

結果例

```
frozenset({1, 3, 5, 7, 9})
frozenset({2, 3, 4, 5, 6})
frozenset({1, 2, 3, 4, 5, 6, 7, 9})
frozenset({3, 5})
```

関連用語　集合 ➡ p.10，set() ➡ p.42

基本ルール　演算子　書式と文字列　データ構造　分岐処理　繰り返し処理　入出力　変換　判定　数学　クラス　オブジェクト　システム

頻出度：★★★☆☆

dict( )	関数
	辞書の作成

機 能 指定した引数の要素を持つ辞書を作成する。

書 式 dict(*x*, *y*, …)

引 数 *x*, *y*, …：辞書に追加したい要素「キー＝値」(省略可能)

戻り値 *x*, *y*, …で指定した要素を持つ辞書を作成し，辞書型で返す。

解 説 変数名として有効な文字列(先頭は数字以外のアルファベット等)は，キーとして指定できる。

「キー＝値」で指定する場合は，キーを ' や " で囲む必要はない。

また，キーと値を組み合わせたリストやタプルで指定することもできる。

x, *y*, …を省略すると，要素の無い辞書を作成する。

使用例

```
a = dict(A = 1, B = 2, C = 3)
b = dict([["D", 4], ["E", 5], ["F", 6]])
print(a)
print(b)
```

結果例

```
{'A': 1, 'B': 2, 'C': 3}
{'D': 4, 'E': 5, 'F': 6}
```

関連用語 辞書 ➡ p.10

頻出度：★★★☆☆

in	演算子
	要素の存在を判別

機能	要素が存在するか判別する。
書式	*x* in *Obj*
引数	*Obj*：リストやタプル，辞書，集合 *x*：検索したい要素
戻り値	*x*で指定した要素が，*Obj*で指定したリスト，タプル，辞書，集合に存在するか判別し，論理型で返す。存在する場合はTrue（真），存在しない場合はFalse（偽）を返す。
解説	辞書の場合は，検索値にキーを指定し，辞書内にキーが存在するか判別する（要素の値の検索ではないことに注意）。

使用例

```
a = ["A", "B", "C", "D"]
b = "B" in a
c = {"A": "Apple", "B": "Banana", "C":
"Cherry"}
d = "B" in c  ←辞書c内にキーBがあるか判別
e = "Banana" in c ←辞書c内にキーBananaがあるか判別
print(b)
print(d)
print(e)
```

結果例

```
True
True
False
```

←キーにBはあるが，Bananaはない

基本ルール　演算子　書式と文字列　データ構造　分岐処理　繰り返し処理　入出力　変換　判定　数学　クラス　オブジェクト　システム

頻出度：★★★★★

len()	**関数**
	文字数や要素の個数に変換

機能 文字列の文字数や指定した引数の要素の個数を調べる。

書式 len(*Obj*)

引数 *Obj*：文字数を調べたい文字列または，要素の個数を調べたいリストやタプル，集合，辞書

戻り値 （*Obj* が文字列）文字列の文字数を整数型で返す。
（*Obj* がリストやタプル，集合，辞書）要素の個数を整数型で返す。

解説 英語と日本語や半角と全角が混在した文字列の文字数も調べることができる。また，数値型の値の桁数や bool 型（True，False）の文字数を調べることはできないため，一度 str() で文字列型に変換する必要がある。

使用例

```
a = len("Python プログラミング ")
b = len([1, 2, 3])
c = str(123456789)
d = len(c)
print(a)
print(b)
print(d)
```

結果例

```
13
3
9
```

関連用語 str() ➡ p.35

頻出度：★★☆☆☆

slice()

関数

Slice オブジェクトを生成

機能　文字列やリスト，タプル，集合，辞書の要素の一部を抽出する際に用いる slice オブジェクトを生成する。

書式　slice(x, y, z)

引数　x：要素の抽出を開始する要素番号（省略可能）
y：要素の抽出を終了する要素番号 +1 の値
z：要素の抽出を行う幅（省略可能）

戻り値　要素の抽出を行う範囲を決める slice オブジェクトを返す。

解説　たくさんのリストなどを同じ範囲で抽出したいときなどに用いるとよい。また，slice(x, y, z) は $x:y:z$ に等しいため，要素の抽出を行うときには，[slice(x, y, z)]と使う必要がある。また，引数を 2 つ指定した場合は，z が省略されたとみなされ，引数を 1 つ指定した場合は，x と z が省略されたとみなされる。

使用例

```
a = [1, 2, 3, 4, 5, 6, 7, 8]
s1 = slice(1, 6, 2)
s2 = slice(2, 5)
print(a[s1])
print(a[s2])
```

結果例

```
[2, 4, 6]
[3, 4, 5]
```

頻出度：★★★★☆

.append()	メソッド リストの要素の追加

機能	リストの最後に要素を追加する。
書式	*Lst*.append(*x*)
引数	*Lst*：要素を追加したいリスト *x*：リストに追加したい要素
戻り値	リスト *Lst* の最後に *x* で指定した要素を追加してリスト型として返す。
解説	リストの途中に要素を挿入したい場合は .insert() を使用する。

使用例

```
a = ["A", "B", "C"]
print(a)
a.append("D")
print(a)
```

結果例

```
['A', 'B', 'C',]
['A', 'B', 'C', 'D']
```

関連用語 .insert() ➡ p.49

頻出度：★★★★☆

.insert()	メソッド
	リストの要素の挿入

機能　リストの指定した場所に要素を挿入する。

書式　*Lst*.insert(*x*, *y*)

引数　*Lst*：要素を挿入したいリスト

x：挿入したい位置の要素番号

y：リストに挿入したい要素

戻り値　リスト *Lst* の *x* で指定した要素番号の場所に，*y* で指定した要素を追加してリスト型として返す。

解説　指定した位置が元のリストの長さを超えた場合は，リストの最後に追加される。

使用例

```
a = ["A", "B", "D"]
print(a)
a.insert(2, "C")
print(a)
```

結果例

```
['A', 'B', 'D']
['A', 'B', 'C', 'D']
```

関連用語　.append() ➡ p.48

頻出度：★★★★☆

.extend( )

メソッド

リストの連結

機能	2つのリストを連結する。
書式	*Lst1*.extend(*Lst2*)
引数	*Lst1*：連結されるリスト *Lst2*：連結するリスト
戻り値	リスト *Lst1* に，リスト *Lst2* を連結してリスト型で返す。
解説	+= 演算子を使用して，*Lst1* += *Lst2* としてもよい。

使用例

```
a = ["A", "B", "C"]
b = ["D", "E"]
a.extend(b)   ← a += b としてもよい。
print(a)
print(b)
```

結果例

```
['A', 'B', 'C', 'D', 'E']
['D', 'E']
```

コラム ＋演算子によるリストの連結

＋演算子を使用してリストを連結することもできます。

```
a = ["A", "B", "C"]
b = ["D", "E"]
c = a + b
print(a)
print(b)
print(c)
```

```
['A', 'B', 'C']
['D', 'E']
['A', 'B', 'C', 'D', 'E']
```

頻出度：★★★★☆

.pop()	メソッド
	要素の削除

機能　リストや辞書から削除した要素を返す。

書式　*Obj*.pop(*x*)

引数　*Obj*：リストまたは辞書

x：（*Obj* がリスト）削除したい要素の要素番号

（*Obj* が辞書）削除したい要素のキー

戻り値　*Obj* で指定したリストまたは辞書から，*x* で指定した要素番号やキーを持つ要素を削除して，削除した要素を文字列型で返す。

解説　*x* を省略すると，リストや辞書の最後尾の要素が削除される。指定した位置が元のリストや辞書の長さを超えた場合は，エラーとなる。

使用例

```
a = {"4月": 30, "5月": 31, "6月": 30}
print(a)                          ↑辞書の場合
b = a.pop("5月")  ←キーを指定
print(a)
print(b)
```

結果例

```
{'4月': 30, '5月': 31, '6月': 30}
{'4月': 30, '6月': 30}
31
```

関連用語　.remove() ⇒ p.52

頻出度：★★★★☆

.remove()	メソッド
	要素の削除

機能 リストや集合の要素を削除する。

書式 *Obj*.remove(*x*)

引数 *Obj*：要素を削除したいリストまたは集合
x：オブジェクトから削除したい値

戻り値 なし

解説 指定した要素がリストに複数ある場合は，最も先頭に近い要素が削除される。指定した要素がリストや集合に無い場合は，エラーとなる。

使用例

```
a = ["A", "B", "C", "D"]
print(a)
a.remove("C")
print(a)
```

結果例

```
['A', 'B', 'C', 'D']
['A', 'B', 'D']
```

関連用語 .pop() ➡ p.51

頻出度：★★★★☆

.sort()

メソッド

要素の並べ替え

機能	指定した方法と順序でリストの要素を並べ替える。
書式	*Lst*.sort(*x*, *y*)
引数	*Lst*：要素を並べ替えたいリスト *x*：並べ替える方法（省略可能） key = len　要素の長さで並べ替え key = str.lower　大文字小文字区別なく並べ替え *y*：並べ替える順序（省略可能） reverse = False　昇順に並べ替え reverse = True　降順に並べ替え
戻り値	なし
解説	*x* を省略すると大文字小文字を区別して並べ替えられる。*y* を省略すると昇順に並べ替えられる。

使用例

```
a = ["B", "A", "D", "C"]
a.sort() ←昇順に並べ替え
b = ["X", "XY", "XYZ"]
b.sort(key = len, reverse = True)
print(a)          ↑要素の長さで降順に並べ替え
print(b)
```

結果例

```
['A', 'B', 'C', 'D']
['XYZ', 'XY', 'X']
```

関連用語　sorted() ➡ p.62

基本ルール 演算子 書式と文字列 データ構造 分岐処理 繰り返し処理 入出力 変換 判定 数学 クラス オブジェクト システム

頻出度：★★★★☆

.clear()	メソッド すべての要素の削除

機 能	リストや辞書，集合の要素をすべて削除する。
書 式	*Obj*.clear()
引 数	*Obj*：すべての要素を削除したいリストや辞書，集合
戻り値	なし
解 説	*Obj* にタプルを指定することはできない。

使用例

```
a = ["A", "B", "C"]
a.clear()
b = {"4月": 30, "5月": 31, "6月": 30}
b.clear()
c = set("12345")
c.clear()
print(a)
print(b)
print(c)
```

結果例

```
[]
{}
set()
```

関連用語 set() ➡ p.42

頻出度：★★★☆☆

.keys()	メソッド
	辞書のキーの取得

機 能　辞書内のすべてのキーを取得する。

書 式　*Dic*.keys()

引 数　*Dic*：キーを取得したい辞書

戻り値　辞書 *Dic* 内にあるすべてのキーを取得して dict_keys 型で返す。

解 説　list() 関数と組み合わせて使用すると，キーをリストで取得できる。

使用例

```
a = {"4月": 30, "5月": 31, "6月": 30}
b = a.keys()
c = list(a.keys())
print(b)
print(c)
```

結果例

```
dict_keys(['4月', '5月', '6月'])
['4月', '5月', '6月']
```

関連用語　.values() ➡ p.56，.items() ➡ p.57，list() ➡ p.40

基本ルール
演算子
書式と文字列
データ構造
分岐処理
繰り返し処理
入出力
変換
判定
数学
クラス
オブジェクト
システム

頻出度：★★☆☆☆

.values()	メソッド 辞書の値の取得

機能　辞書内のすべての値を取得する。

書式　*Dic*.values()

引数　*Dic*：値を取得したい辞書

戻り値　辞書 *Dic* 内にあるすべての値を取得して dict_values 型で返す。

解説　list() 関数と組み合わせて使用すると，値をリストで取得できる。

使用例
```
a = {"4月": 30, "5月": 31, "6月": 30}
b = a.values()
c = list(a.values())
print(b)
print(c)
```

結果例
```
dict_values([30, 31, 30])
[30, 31, 30]
```

関連用語　.keys() ➡ p.55，.items() ➡ p.57，list() ➡ p.40

頻出度：★★☆☆☆

.items()	メソッド
	辞書のキーと値の取得

機 能　辞書内のすべてのキーと値を取得する。

書 式　*Dic*.items()

引 数　*Dic*：キーと値を取得したい辞書

戻り値　辞書 *Dic* 内にあるすべてのキーと値を取得して dict_items 型で返す。

解 説　取得したキーと値は，それぞれを組み合わせたタプルを持つ dict_items 型リストになる。

使用例

```
a = {"4月": 30, "5月": 31, "6月": 30}
b = a.items()
print(b)
```

結果例

```
dict_items([('4月', 30), ('5月', 31), ('6月', 30)])
```

関連用語　.keys() ➡ p.55，.values() ➡ p.56

頻出度：★★★☆☆

.intersection( )	メソッド 集合の積集合

機能	2つの集合の積集合を作成する。
書式	*Set1*.intersection(*Set2*)
引数	*Set1*, *Set2*：積集合を作成したい2つの集合
戻り値	*Set1*と*Set2*で指定した2つの集合の両方に属する要素をもつ集合（積集合）を作成して集合型で返す。
解説	2つの集合に共通する要素が無い場合は，要素が無い集合「set()」を作成する。また，積集合を作成するには，以下のように & 演算子を使用してもよい。 *Set1* & *Set2* 3つ以上の集合の積集合には，& 演算子を使用して短いコードにすることが多い。

使用例

```
a = {1, 2, 3, 4}
b = {2, 4, 6, 8}
c = {2, 3, 5, 7}
d = a.intersection(b)  ←d = a & b
e = a & b & c             としてもよい
print(d)
print(e)
```

結果例

```
{2, 4}
{2}
```

関連用語　集合 ➡ p.10，.union() ➡ p.59，.difference() ➡ p.60

頻出度：★★★☆☆

.union()	メソッド
	集合の和集合

機能 2つの集合の和集合を作成する。

書式 *Set1*.union(*Set2*)

引数 *Set1*, *Set2*：和集合を作成したい2つの集合

戻り値 *Set1* と *Set2* で指定した2つの集合のいずれかに属する要素を持つ集合（和集合）を作成して集合型で返す。

解説 和集合を作成するには，以下のように | 演算子を使用してもよい。

　Set1 | *Set2*

3つ以上の集合の和集合には，| 演算子を使用して短いコードにすることが多い。

使用例

```
a = {1, 2, 3, 4}
b = {2, 4, 6, 8}
c = {2, 3, 5, 7}
d = a.union(b)  ←d = a | b としてもよい
e = a | b | c
print(d)
print(e)
```

結果例

```
{1, 2, 3, 4, 6, 8}
{1, 2, 3, 4, 5, 6, 7, 8}
```

関連用語 集合 ➡ p.10, .intersection() ➡ p.58, .difference() ➡ p.60

頻出度：★★★☆☆

.difference()

メソッド

集合の差集合

機能 2つの集合の差集合を作成する。

書式 *Set1*.difference(*Set2*)

引数 *Set1*, *Set2*：差集合を作成したい2つの集合

戻り値 *Set1* で指定した集合の要素から *Set2* で指定した集合の要素を除いた要素を持つ集合（差集合）を作成して集合型で返す。

解説 差集合を作成するには，以下のように - 演算子を使用してもよい。

Set1 - *Set2*

3つ以上の集合の積集合には，- 演算子を使用して短いコードにすることが多い。

使用例

```
a = {1, 2, 3, 4}
b = {2, 4, 6, 8}
c = {2, 3, 5, 7}
d = a.difference(b)   ← d = a - b
e = a - b - c              としてもよい
print(d)
print(e)
```

結果例

```
{1, 3}
{1}
```

関連用語 集合 ➡ p.10，.intersection() ➡ p.58，.union() ➡ p.59

頻出度：★★★☆☆

zip()	関数
	要素の集約

機能 2つ以上あるリスト，タプル，辞書，集合の要素を集約する。

書式 zip(*Obj1*, *Obj2*, …)

引数 *Obj1*, *Obj2*, …：複数のリスト，タプル，辞書，集合

戻り値 *Obj1*, *Obj2*, …内にあるすべての要素を集約して zip オブジェクト型（イテレータ）で返す。

解説 list() 関数や dict() 関数と組み合わせることで，元の複数のオブジェクトから，順番に要素が取り出せていることがわかる。2つのオブジェクトの長さが異なる場合は，短い方の長さに合わせて処理をする。

使用例

```
a = ["4月", "5月", "6月"]
b = (30, 31, 30)
c = zip(a, b)  ←2つのオブジェクトを集約
d = list(c)  ←zip オブジェクトをリストに変換
print(c)  ←zip オブジェクトのまま表示
print(d)  ←変換したリストで表示
```

結果例

```
<zip object at 0x000001C5D01A3E00>
[('4月', 30), ('5月', 31), ('6月', 30)]
```

関連用語 list() ➡ p.40, dict() ➡ p.44

頻出度：★★★☆☆

sorted()

関数

要素を並び替えて整理

機能 文字列内の文字または，リストやタプル，集合，辞書などの要素を昇順に並び替える。

書式 `sorted(`*Obj*`)`

引数 *Obj*：要素の並び替えをしたい文字列やリスト，タプル，集合，辞書など

戻り値 *Obj* の要素を昇順に並び替えた結果を *obj* と同じデータ型で返す。ただしタプルはリストで出力される。

解説 *Obj* に続いて，以下のオプションを指定できる。

　降順に並び替え：`reverse = True`　省略すると昇順

　絶対値で比較：`key = abs`

リストのリストなどの場合

　各リストの最大値で比較：`key = max`

　比較対象の変更：`key = lambda x:`

使用例

```
a = [["pineapple", 11], ["apple", 20],
["banana", -10]]
b = sorted(a)
c = sorted(a, key = lambda x: x[1],
reverse = True)
print(b)
print(c)
```

結果例

```
[['apple', 20], ['banana', -10]
['pineapple', 11]]
[['apple', 20], ['pineapple', 11],
['banana', -10]]
```

関連用語 .sort() ➡ p.53, reversed() ➡ p.142

del	**文**
	変数やリスト等の削除

機能 変数やリスト，タプル，辞書，集合全体を削除する。

書式 del *Obj.x*

引数 *Obj*：削除したい変数やリスト，タプル，辞書，集合

x：削除する要素（リストと辞書のみ指定可能）

リスト　［要素番号または範囲］

辞書　　［キー］

戻り値 なし

解説 変数やタプル，集合は，全体の削除のみ可能である。リストと辞書は要素の削除も可能である。

使用例

```
a = ["A", "B", "C", "D", "E"]
del a[1]
b = (1, 2, 3)
del b
c = {"4月": 30, "5月": 31, "6月": 30}
del c["5月"]
print(a)
print(c)
print(b)
```

結果例

```
['A', 'C', 'D', 'E']
{'4月': 30, '6月': 30}
NameError: name 'b' is
not defined
```

←bは存在しないためエラーとなる

関連用語 .clear() ➡ p.54，.pop() ➡ p.51，.remove() ➡ p.52

頻出度：★☆☆☆☆

locals()

関数

定義した変数の一覧を生成

機 能	関数内で実行することで，定義した変数とそれに対応する値の一覧を返す。
書 式	`locals()`
引 数	なし
戻り値	関数内で定義した変数の名前と，それに対応する値の一覧を辞書にして返す。
解 説	関数外で実行すると，`globals()` と同様に変数やメソッド，関数名の一覧を辞書にして返す。

使用例

```
def f():
    a = 123
    b = "Python"
    c = " プログラミング "
    print(locals())
f()                        ←定義した f() を実行
d = 456
print(locals())
```

結果例

```
{'a': 123, 'b': 'Python', 'c': ' プログラミング '}
{'__name__': '__main__', '__doc__': None, …（省略）…, '__package__': None, '__loader__': '__cached__': None, 'f': <function f at 0x106961430>, 'd': 456}
```

変数 d が追加されている↑

関連用語 globals() ➡ p.65

頻出度：★☆☆☆☆

globals()

関数

現在の辞書を表示

機能	現在のグローバルシンボルテーブルを表す辞書を返す。
書式	`globals()`
引数	なし
戻り値	グローバルシンボルテーブルにある変数などを辞書型で返す。
解説	変数がある場合は，その変数名と格納されている値も辞書の一覧に表示される。

使用例

```
print(globals())
a = 1
print(globals())
```

結果例

```
{'__name__': '__main__', '__doc__': None,
'__package__': None, '__loader__': <class
'_frozen_importlib.BuiltinImporter'>,
'__spec__': None, '__annotations__': {},
'__builtins__': <module 'builtins'
(built-in)>}

{'__name__': '__main__', '__doc__': None,
'__package__': None, '__loader__': <class
'_frozen_importlib.BuiltinImporter'>,
'__spec__': None, '__annotations__': {},
'__builtins__': <module 'builtins'
(built-in)>, 'a': 1}  ←変数 a が追加されている
```

関連用語 locals() ➡ p.64

頻出度：★★★★★

if ～	文
	条件により処理を分岐

機能
*条件式*が True（真）のときのみ，インデントで字下げした処理を実行する。*条件式*が False（偽）のときは実行しない。

書式
```
if 条件式:
□□□□処理1
□□□□処理2
```

引数
条件式：処理の分岐を判定する式

解説
条件分岐が2つあるときは if ～ else ～ を使い，多数あるときには if ～ elif ～ else ～ を用いた方がよい。

使用例
```
a = int(input("整数を入力："))
if a % 2 == 0:
    print(f"入力された整数は{a}です")
    print("偶数です")
print("終了します")
```

結果例
```
整数を入力：24
入力された整数は24です
偶数です
終了します
```

関連用語
int() ➡ p.98，input() ➡ p.80，
if ～ else ～ ➡ p.67，
if ～ elif ～ else ～ ➡ p.68

頻出度：★★★★★

if ～ else ～

文
2つの処理に分岐

機能 *条件式*が True（真）のとき，インデントで字下げした*処理 1* を実行し，*条件式*が False（偽）のとき，*処理 2* を実行する。

書式

```
if 条件式:
□□□□処理 1
else:
□□□□処理 2
```

引数 *条件式*：処理の分岐を判定する式

解説 条件分岐が多数ある場合には，if ～ elif ～ else ～ を用いた方がよい。

使用例

```
a = float(input("数字を入力："))
if a >= 0:
    print(a, "は 0 以上の数")
else:
    print(a, "は負の数")
```

結果例

```
数字を入力：-3.5
-3.5 は負の数
```

関連用語 float() ➡ p.99, input() ➡ p.80,
if ～ elif ～ else ～ ➡ p.68

頻出度：★★★★★

if ～ elif ～ else ～	文
	3つ以上の処理に分岐

機能　条件分岐が3つ以上あるときに用いる。条件分岐が4つ以上あるときはif ～ elif ～ elif ～　… else ～のようにelifを連続して用いることもできる。

書式

```
if 条件式1:
    処理1
elif 条件式2:
    処理2
else:
    処理3
```

引数

条件式1：処理の分岐を判定する式

条件式2：*条件式1*以外で処理の分岐を判定する式

解説　elifはelse　ifの省略の形を意味する。条件分岐が2つのみのときはif ～ else ～を使用するとよい。

使用例

```
a = int(input("得点を入力："))
if a >= 80:
    print("A判定です")
elif a >= 50:
    print("B判定です")
else:
    print("C判定です")
```

結果例

```
得点を入力：75
B判定です
```

関連用語　int() ➡ p.98, input() ➡ p.80, if ～ else ～ ➡ p.67

頻出度：★★★★☆

if のネスト

文

分岐の中で分岐

機能　*条件式 1* と*条件式 2* が両方とも True（真）のとき，*処理 2* を実行する。

書式

```
if 条件式1:
    処理1
    if 条件式2:
        処理2
```

引数　*条件式 1*：処理の分岐を判定する式

条件式 2：*条件式 1* が True（真）の中で，処理の分岐を判定する式

解説　if の中にさらに if があるような構造を if のネストという。

使用例

```
a = int(input("数字を入力："))
if a % 2 == 0:
    print(a, "は偶数")
    if a % 3 == 0:
        print(a, "は6の倍数")
```

結果例

```
数字を入力：6
6 は偶数
6 は6の倍数
```

関連用語　int() ➡ p.98，input() ➡ p.80

頻出度：★★★★★

for ～ in ～

文

データの個数だけ繰り返し

機能
Obj に格納された要素を先頭から順に *i* に代入し，インデントで字下げされた処理を順次実行する。この操作を，*Obj* の最後の要素を *i* に代入するまで繰り返す。

書式

```
for i in Obj:
□□□□繰り返し処理1
□□□□繰り返し処理2
      ⋮
```

引数
i：*Obj* の要素を順に代入する変数
Obj：*i* に代入する要素を持つ文字列またはリストやタプル，集合，辞書など

解説
決まった回数を繰り返すときは，range() を用いると良い。

使用例

```
n = 0
for i in ["い", "ろ", "は"]:
    print(i)
    n += 1
print(n, "回繰り返しました。")
```

結果例

```
い
ろ
は
3 回繰り返しました。
```

関連用語
代入演算子 ➡ p.13，for ～ in range() ➡ p.72，while ～ ➡ p.76

頻出度：★★★★☆

for ～ in ～ else

文

中断できる繰り返し

機能 *繰り返し処理*がすべて終了したときに，else の下にある分岐処理を実行する。

書式

```
for i in Obj:
    繰り返し処理
else:
    分岐処理
```

引数 *i*：*Obj* の要素を代入する変数

Obj：*i* に代入する要素を持つリストやタプルなど

解説 break と組み合わせると，break で繰り返しを中断したときは，else の下にある分岐処理を実行しない。

使用例

```
a = int(input("0 以上の整数を入力："))
for i in range(a):
    if i == 8:
        print("8 が見つかりました。")
        break
else:
    print("8 が見つかりませんでした。")
print(" 終わり ")
```

結果例

```
0 以上の整数を入力：9
8 が見つかりました
終わり
```

関連用語 if ～ ➡ p.66，break ➡ p.78，
while ～ else ➡ p.77

頻出度：★★★★★

for ～ in range()

文

指定した範囲で繰り返し

機能　i に range 関数で作成された x から y - 1 までの値を順々に代入し，インデントで字下げされた処理を順次実行する。

書式

```
for i in range(x, y, z):
    繰り返し処理
        ⋮
```

引数

i：繰り返しの回数を代入する変数

x：代入を開始する整数値（省略可能）

y：代入を終了する整数値

z：代入する値を増減させる整数値（省略可能）

解説　range 関数と同様に，x を省略すると最初に 0 が i に代入される。また，z を省略すると i に代入する値が 1 ずつ増加する。

使用例

```
for i in range(5):
    print(i)
```

結果例

```
0
1
2
3
4
```

関連用語　for ～ in ～ ➡ p.70，range() ➡ p.73

頻出度：★★★★★

range()

関数

等間隔で増減する数列を生成

機能	等間隔で増減する数列が格納されている range オブジェクトを返す。
書式	range(*x*, *y*, *z*)
引数	*x*：開始する整数値（省略可能） *y*：終了する整数値 *z*：増減させる整数値（省略可能）
戻り値	*x* から *y*−1 まで *z* ずつ増減する range オブジェクトを返す。
解説	*x* と *z* を省略した場合，*x* は 0，*z* は 1 とみなされる。また，*z* のみを省略した場合，*z* は 1 とみなされる。

使用例

```
a = range(1, 9, 2)
b = range(2)
c = range(1, 3)
print(a)
print(list(a))
print(list(b))
print(list(c))
```

結果例

```
range(1, 9, 2)
[1, 3, 5, 7]
[0, 1]
[1, 2]
```

関連用語 list() ➡ p.40，for ～ in range() ➡ p.72

頻出度：★★★★☆

for ～ in enumerate()

文

数え上げながら繰り返し

機能

Obj に格納された要素を先頭から順に *i* に代入していくと同時に，*x* から始まり１ずつ増加する値を *X* に代入し，インデントで字下げされた処理を順次実行する。

この操作を，*Obj* の最後の要素を *i* に代入するまで繰り返す。

書式

```
for X, i in enumerate(Obj, x):
□□□□繰り返し処理
        ⋮
```

引数

X：*x* の値を順に代入する変数

i：*Obj* の要素を順に代入する変数

Obj：*i* に代入する要素を持つリストやタプルなど

x：整数型で１ずつ増加する値の初期値（省略可能）

解説

x を省略したときは，*X* は 0 から始まる。また，*X* には *x* が代入され，*i* には *Obj* が代入されるため，*Obj* と *i* で用いる変数を間違えないように注意が必要である。

使用例

```
a = ["い", "ろ", "は"]
for k, i in enumerate(a, 1):
    print(k, i)
```

結果例

```
1 い
2 ろ
3 は
```

関連用語

for ～ in ～ ➡ p.70, enumerate() ➡ p.147

頻出度：★★★☆☆

for ～ in reversed()

文

逆順で繰り返し

機能　*Obj* に格納された要素を最後から逆順で *i* に代入し，インデントで字下げされた処理を順次実行する。この操作を，*Obj* の先頭の要素が代入されるまで繰り返す。

書式

```
for i in reversed(Obj):
□□□□繰り返し処理
        ⋮
```

引数　*i*：逆順で取り出した要素を代入する変数

Obj：*i* に代入する要素を持つリストやタプルなど

解説　通常の for 文と同様に range 関数を用いることもできる。

使用例

```
for i in reversed([1, 2, 3, 4]):
    print(i)
```

結果例

```
4
3
2
1
```

関連用語　for ～ in ～ ➡ p.70

頻出度：★★★★★

# while ～	文
	条件式を用いる繰り返し

機能

*条件式*が True（真）である限り，インデントで字下げされた*繰り返し処理*を実行する。*条件式*が False（偽）になった時点で繰り返しが終了する。

書式

```
while 条件式:
□□□□繰り返し処理1
□□□□繰り返し処理2
        ⋮
```

引数

条件式：*繰り返し処理*の継続を判定するための式

解説

無限ループになってしまった場合は，[Ctrl]+[c] で処理を強制的に中断させることができる。

また for 文とは異なり条件式内で用いる変数は事前に定義し，変数を1ずつ増加させるときは，while 文内で変数を1ずつ増加させる操作が必要となる。

使用例

```
color = ["赤", "青", "白", "黒"]
i = 0
while i < 3:
    print(color[i])
    i += 1
```

結果例

```
赤
青
白
```

関連用語

for ～ in ～ ➡ p.70

while ～ else

文
中断できる繰り返し

機能　*繰り返し処理*がすべて終了したときに，else の下にある*分岐処理*を実行する。

書式

```
while 条件式:
    繰り返し処理
else:
    分岐処理
```

引数　*条件式*：*繰り返し処理*の継続を判定するための式

解説　break と組み合わせると，break で繰り返しを中断したときは，else の下にある分岐処理を実行しない。

使用例

```
a = int(input("1 以上の正の整数を入力 : "))
i = 2
while a == 1 or a > i:
    if a == 1 or a % i == 0:
        print(a, " は素数ではありません。")
        break
    i += 1
else:
    print(a, " は素数です。")
```

結果例

```
1 以上の正の整数を入力 : 8
8 は素数ではありません。
```

関連用語　if ～ ➡ p.66，break ➡ p.78

基本ルール　演算子　書式と文字列　データ構造　分岐処理　繰り返し処理　入出力　変換　判定　数学　クラス　オブジェクト　システム

頻出度：★★★★☆

break	文
	繰り返しを中断

機能　繰り返し処理を中断して繰り返しの外側にある処理に移る。

書式　break

引数　なし

解説　if 文の中に入れることで，if 文の条件式が True（真）の場合に，break で繰り返しを中断するなどの場面で使う。また，繰り返しがネストになっている場合は，break が入っている内側の繰り返しを中断する。

使用例

```
cl = ["赤"]
while len(cl) < 5:
    l = input("色を入力：")
    if l in cl:
        print(l, "はすでに入っています。")
        break
    cl.append(l)
else:
    print(cl)
```

結果例

```
色を入力：青
色を入力：赤
赤　はすでに入っています。
```

関連用語　if ～ ➡ p.66，input() ➡ p.80
len() ➡ p.46，.append() ➡ p.48

頻出度：★★★★☆

continue	文
	後の文を省略

機能　continue の下にある繰り返し処理を実行せずに，次の繰り返しに移る。

書式　continue

引数　なし

解説　if 文の条件式が True（真）のとき，if 文より下の処理を省略し，その後も繰り返しを続けたいときなどに，if 文の中に入れて使用することが多い。

使用例

```
cl = ["赤"]
while len(cl) < 3:
    l = input("色を入力：")
    if l in cl:
        print(l, "はすでに入っています。")
        continue
    cl.append(l)
print(cl)
```

結果例

```
色を入力：青
色を入力：赤
赤 はすでに入っています。
色を入力：黒
['赤', '青', '黒']
```

関連用語　if ～ ➡ p.66，input() ➡ p.80，.append() ➡ p.48，len() ➡ p.46

頻出度：★★★★★

input()	関数
	キーボードからの入力を取得

機能 指定したプロンプトを表示して，ユーザーの入力を待ち，Enter キーを入力するまでにキーボードから入力された情報を返す。

書式 input(*Str*)

引数 *Str*：入力を促すために表示したい文字列（省略可能）

戻り値 キーボードからの入力を受け取り，文字列型として返す。

解説 数値を入力しても，すべて文字列型に変換されているので，注意が必要である。

使用例

```
a = input()
print(a, "ですね")
b = input("数字を入力：")
print(b * 2)
print(int(b) * 2)
```

結果例

```
いろは
いろは ですね
数字を入力：123
123123
246
```

関連用語 int() ➡ p.98

print()

関数
画面に出力

機能　指定した値や文字列などを画面に表示する。数式を指定すると，数式の計算結果を表示する。

書式
```
print(x, y, …)
```

引数　$x, y,$ …：画面に表示したい文字や数値，数式など（y 以降は省略可能）

戻り値　なし

解説　$x, y,$ …に続いて，以下のオプションを指定できる。

区切文字：sep =　省略すると空白

最後に続ける文字：end =　省略すると改行「¥n」

出力先の変更：file =　省略すると画面に出力

出力時期の変更：flush =

　省略すると終了時に一括

使用例
```
print("Hello")
print("赤", "黄", "青", sep = "&")
print("1 + 2 + 3", "=", 1 + 2 + 3)
```

結果例
```
Hello
赤&黄&青
1 + 2 + 3 = 6
```

関連用語　¥n ⇒ p.19

頻出度：★★★★★

open()	関数
	ファイルを開く

機能	指定したモードでファイルを開く
書式	open(*File*,*XY*)
引数	*File*：「絶対パス」または「カレントディレクトリからの相対パス」で指定したファイル名 *XY*：ファイルを開く際のモード（省略可能） 主なモードは，以下の通りである。

X【1番目】

r …読み込み専用

r+ …読み込みと書き込み可能

w …書き込み可能（既存ファイルがあればファイルの最初から上書き，無い場合は新規作成）

x …書き込み可能（既存ファイルがあればエラー）

a …ファイルの最後に書き込み可能

a+ …読み込みとファイルの最後に書き込み可能

Y【2番目】

t テキストモード

b バイナリモード

必要に応じて1番目のモードと2番目のモードをつなげて指定する。

戻り値	ファイル *File* を *XY* で指定したモードで開きファイルオブジェクトとして返す。
解説	*X*（1番目）を省略するとr（読み込み専用），*Y*（2番目）を省略するとt（テキストモード）となる。

test.txt の内容

```
One
Two
```

使用例

```
a = open("test.txt", "r")
b = a.read()
print(b)
a.close()
```

結果例

```
One
Two
```

関連用語　.read() ➡ p.85, .close() ➡ p.84

コラム　with 文で簡単にファイルを開く

上の使用例と同じ処理を with 文で記述することにより，ファイルを閉じる処理（.close）を省略することができます。

```
with open("test.txt", "r") as a:
    b = a.read()
print(b)
```

with 文では，インデントされたまとまりを 1 つのブロックとして認識しますので，上の例の 2 行目ではインデントが必要になることに注意してください。

with ブロックを抜けたときファイルを自動的に閉じてくれるので，ファイルを閉じる処理（.close）が不要です。仮にエラーがあってもプログラムの最後にファイルを閉じてくれます。プログラムの行数が減って読みやすくなること，ファイルを閉じ忘れることがなくなることが，with 文を使用するメリットになります。

頻出度：★★★★★

.close()	メソッド
	ファイルを閉じる

機能 開いているファイルを閉じる。

書式 *x*.close()

引数 *x*：開いているファイルオブジェクト

戻り値 なし

解説 with文を使用してファイルを開いた場合は，.closeによる処理は省略できる。

使用例

```
a = open("test.txt", "r")
b = a.read()
print(b)
a.close()
```

test.txtの内容

```
One
Two
```

結果例

```
One
Two
```

関連用語 open() ➡ p.82～83，.read() ➡ p.85

.read()

メソッド

ファイルの読込

機能	開いているファイルの内容を読み込む。
書式	*x*.read(*y*)
引数	*x*：開いているファイルオブジェクト *y*：読み込むデータ量をバイトで指定（省略可能）
戻り値	ファイルオブジェクト *x* から *y* で指定したデータ量だけ読み込んで文字列型として返す。
解説	*y* を省略すると，ファイルの内容すべてを読み込む。

使用例

```
a = open("test.txt", "r")
b = a.read()
print(b)
a.close()
c = open("test.txt", "r")
d = c.read(2)   →2バイト分だけ読み込む
print(d)
c.close()
```

test.txt の内容

```
One
Two
```

結果例

```
One
Two

On   →2バイト分表示
```

関連用語　open() ➡ p.82～83，.close() ➡ p.84

頻出度：★★★☆☆

.readline()	メソッド
	ファイルを1行だけ読込

機能	開いているファイルの内容を1行だけ読み込む。
書式	*x*.readline(*y*)
引数	*x*：開いているファイルオブジェクト *y*：読み込むデータ量をバイトで指定（省略可能）
戻り値	ファイルオブジェクト *x* から1行だけ，*y* で指定したデータ量だけ読み込んで文字列型として返す。
解説	*y* を省略するとファイルの1行だけ読み込む。

使用例

```
with open("test.txt", "r") as a:
    b = a.readline()
print(b)
```

test.txt の内容

```
One
Two
```

結果例

```
One
```

関連用語　open() ➡ p.82〜83，.read() ➡ p.85

頻出度：★★★☆☆

.readlines()	メソッド
	ファイルを1行ずつリスト化

機 能	ファイルの内容を1行ずつ読み込みリスト化する。
書 式	*x*.readlines()
引 数	*x*：開いているファイルオブジェクト
戻り値	ファイルオブジェクト*x*を1行ずつ読み込み，その内容を要素に持つリスト型として返す。
解 説	ファイルの内容1行分のデータが，リスト内の1つの要素になる。

使用例

```
with open("test.txt", "r") as a:
    b = a.readlines()
print(b)
```

test.txtの内容

```
One
Two
```

結果例

```
['One¥n', 'Two¥n']
```

→¥nは改行を表すエスケープシーケンス

関連用語　open() ➡ p.82～83，¥n ➡ p.19

頻出度：★★★★★

.write()

メソッド

文字列のファイル書込

機 能	指定した文字列をファイルに書き込み，書き込んだ文字数を返す。
書 式	`x.write(y)`
引 数	x：開いているファイルオブジェクト y：書き込む文字列
戻り値	ファイルオブジェクト x に，y で指定した文字列を書き込んで，書き込んだ文字数を数値型として返す。
解 説	改行を書き込む場合は，エスケープシーケンス "¥n" を使用する。

使用例

```
a = "Hello¥nPython¥n"
with open("temp.txt", "w") as b:
    c = b.write(a)
print(c)
```

結果例

```
13
```

temp.txt の内容

```
Hello
Python
```

関連用語 open() ➡ p.82～83，¥n ➡ p.19，.writelines() ➡ p.89

頻出度：★★★☆☆

.writelines()

メソッド

リストのファイル書込

機能	指定したリストの要素を1つずつファイルに書き込む。
書式	*x*.readlines(*Lst*)
引数	*x*：開いているファイルオブジェクト *Lst*：書き込む文字列を要素にもつリスト
戻り値	なし
解説	リストの要素は単純に連結される。改行を書き込みたい場合は，エスケープシーケンス "¥n" を使用する。

使用例

```
a = ["Hello¥n", "Python¥n"]
with open("temp.txt", "w") as b:
    c = b.writelines(a)
print(c)
```

結果例

```
None    →戻り値なし
```

temp.txt の内容

```
Hello
Python
```

関連用語　open() ➡ p.82～83，¥n ➡ p.19，
.write() ➡ p.88

頻出度：★★★★☆

tkinter.Tk()

標準ライブラリ

GUI ツールの利用

機能　GUI（グラフィカル・ユーザー・インターフェース）アプリのメインウィンドウを作成する。

書式

```
import tkinter （プログラムの最初に記述）
  ⋮
x = tkinter.Tk()  ←メインウィンドウの作成
  ⋮  ※ウィンドウに対する処理を記述
x.mainloop()  ←ウィンドウを閉じるまでループ処理（メインウィンドウを表示し続ける）
```

引数　なし

戻り値　変数 x にウィンドウオブジェクトを返す。

解説　tkinter.Tk() は標準ライブラリの関数なので，使用する前に tkinter ライブラリをインポートしておく必要がある。最後に .mainloop() メソッドでメインウィンドウを表示し続けるようにする。その他のメソッド等は，以下のものがある。

	書式	戻り値
メインウィンドウの設定	x.geometry()	ウィンドウ描画サイズ
	x.title()	ウィンドウタイトル
	x.grid()	行列指定の描画
メインウィンドウに配置	tkinter.Label(x, …)	文字列表示のラベル
	tkinter.Button(x, …)	クリック可能なボタン
	tkinter.Entry(x, …)	1行入力ボックス
	tkinter.CheckBox(x, …)	チェックボックス

メインウィンドウに配置	tkinter.RadioButton(x, …)	ラジオボタン
	tkinter.ComboBox(x, …)	コンボボックス
	tkinter.ListBox(x, …)	リストボックス

使用例 ボタンをクリックするとラベルが変化するウィンドウ

```
import tkinter   ←標準ライブラリ tkinter の読込
def fnc():   ←ボタンを押したときに呼び出す関数
    l.configure(text = "Finish!")
w = tkinter.Tk()   ← Window を作る変数 w の作成
w.title(u"Test")   ←変数 w のタイトル設定
l = tkinter.Label(w, text = "Hello Python")
l.grid()   ←ウィンドウ内にラベルを描画      ↑変数 l にラベルを代入
b = tkinter.Button(w, text = "Click Here",
command = fnc)   ←変数 b にボタンを代入
b.grid()   ←ウィンドウ内にボタンを描画
w.geometry("240x240")   ←画面サイズの設定
w.mainloop()   ←変数 w(window) を表示し続ける
```

結果例

【実行時】

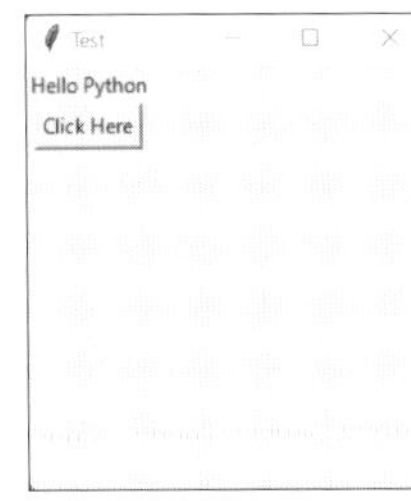

【ボタンをクリック後】

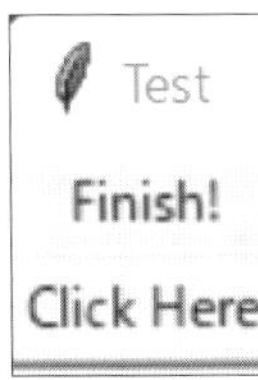

※ラベル「Hello Python」が「Finish」に変わる

関連用語 import ➡ p.158

頻出度：★★★★☆

cv2.imread()

外部ライブラリ

画像処理

機能	画像ファイルを読み込む。
書式	`import cv2` （プログラムの最初に記述） *x* = `cv2.imread(`*File*, *y*`)`
引数	*File*：読み込みたい画像ファイル *y*：色　`1`：カラー（透明度は無視）　※*y*を省略すると1 `0`：グレースケール，`-1`：カラー（透明度を含む）
戻り値	変数*x*にファイルの情報をopencv型で返す。
解説	`pip install opencv-python`でライブラリをインストールしておく。プログラム内では「CV2」という名前で使用する。`cv2.imread()`は外部ライブラリの関数なので，使用する前にcv2ライブラリをインポートしておく必要がある。`cv2.imread()`と同様に使用できる主な関数等には，以下のものがある。

書式	戻り値
cv2.imshow(*File*, *x*)	画像の表示
cv2.imwrite(*File*, *x*)	画像の保存
cv2.putText(*x*, …)	画像に文字列を追加
cv2.destroyAllWindows()	すべてのウィンドウを閉じる

使用例 1 画像の読込と表示

```
import cv2  ←外部ライブラリOpenCVの読込
img = cv2.imread("python.jpg")  ←画像ファイルの読み込み
cv2.imshow("Python_Icon", img)  ←ウィンドウタイトルと画像の表示
cv2.waitKey(0)  ←キー入力があるまで表示し続ける
cv2.destroyAllWindows()  ←すべてのウィンドウを閉じる
```

結果例 1

使用例 2 画像に文字列を追加して, 別名で保存

```
import cv2  ←外部ライブラリ OpenCV の読込
img = cv2.imread("python.jpg")  ←画像ファイルの読み込み
                                ↓文字列の追加
cv2.putText(img, "Hello!", org = (70, 170),
fontFace = cv2.FONT_HERSHEY_SIMPLEX, fontScale =
2, color = (0, 0, 255), thickness = 5, lineType
= cv2.LINE_AA)
cv2.imshow("Python_Icon", img)  ←画像の表示
cv2.waitKey(0)  ←キー入力があるまで表示
cv2.destroyAllWindows()  ←すべてのウィンドウを閉じる
cv2.imwrite("python_puttext.jpg", img)  ←別名で保存
```

結果例 2

関連用語 import ➡ p.158

頻出度：★★★☆☆

pygame

外部ライブラリ

ゲーム作成

機能　ゲーム作成に必要なグラフィックスや音楽などを簡単に操作できるようにする。

書式

```
import pygame   ←ライブラリの読込
class クラス名   ←ゲームで使うアイテム等を定義
def main()
    クラスのインスタンス化等
    while :
        画面描画の処理          ┐
        イベント発生時の処理    ┘ループ
main()  呼び出し
```

解説　pip install pygame でライブラリをインストールしておく。使用できる主な機能等は以下のものがある。

【主な機能】

pygame.init() … pygame の初期化

pygame.displayset.set_mode() … ウィンドウの表示

pygame.draw.circle() … 円の描画

pygame.display.update() … 画面の更新

使用例　自機（青い丸）を左右に動かすプログラム

```
import pygame  ←ライブラリの読込
def main():  ←メイン処理の定義
    pygame.init()  ← pygame の初期化
    px = py = 0  ←青い丸の移動量の初期化  ↓画面の設定
    screen = pygame.display.set_mode((320, 240))
    pygame.display.set_caption("Sample Game")
```

```
    mode = True  ←ループのモード設定（Trueで無限ループに）
    while mode:
        screen.fill((200, 200, 200))  ←背景の画面描画
        pygame.draw.circle(screen, (0, 0, 255),
        (160 + px, 200 + py), 20)  ←青い丸の画面描画
        pygame.display.update()  ←画面の更新
        for event in pygame.event.get():  ←イベント処理
            if event.type == pygame.QUIT:
                mode = False  ←×ボタンクリックでループ終了
            if event.type == pygame.KEYDOWN:
                if event.key == pygame.K_SPACE:
                    px = 0  ←SPACEキーで元の位置へ
                if event.key == pygame.K_LEFT:
                    px -= 10  ←←キー押すと左へ移動
                if event.key == pygame.K_RIGHT:
                    px += 10  ←→キー押すと右へ移動
            if event.type == pygame.KEYUP:
                if event.key == pygame.K_LEFT
                or event.key == pygame.K_RIGHT:
                    px += 0  ↑→や←キー離すと移動しない
main()
```

結果例

※画面内の青い丸は左右キーで動く。
SPACEキーで元の位置に戻る。
（シューティングゲーム等の基本的な自機の動きとなる）

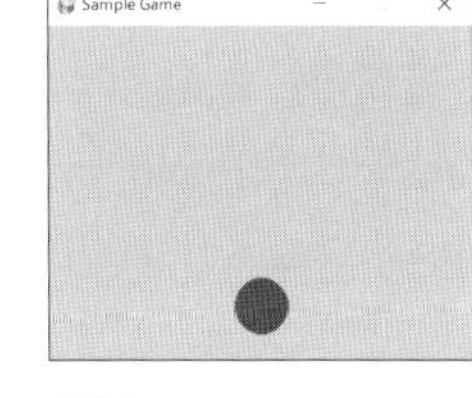

関連用語　import ➡ p.158, def ➡ p.157,
繰り返し処理 ➡ p.70〜79, 分岐処理 ➡ p.66〜69

頻出度：★★★☆☆

scikit-learn

外部ライブラリ

機械学習とデータ利用

機能　機械学習アルゴリズム（分類や回帰など）やデータセットを活用するアプリケーションの作成に必要な関数やメソッドを利用できるようにする。

書式

```
import sklearn.datasets
    ：
```
↑プログラムの最初に記述

※機械学習やデータセットを使用した処理を記述

```
    ：
```

解説　`pip install scikit-learn` でライブラリをインストールしておく。使用できる主な機能等は以下のものがある。

【主な機能】 ※サンプルデータセット

トイ・データセット（Toy dataset）

- .load_digits() … 手書き文字を分類（例で解説）
- .load_wine() … ワインを分類

実世界データセット（Real world dataset）

- .fetch_olivetti_faces() … 有名人の顔写真を分類

使用例 1　手書き文字データセットの利用

```
import sklearn.datasets  ←ライブラリの読込
dt = sklearn.datasets.load_digits()  ←手書き文字セット読込
print(dt.data[0])  ←1番目のdataを表示
print(dt.images[0])  ←1番目のimageを表示
print(dt.target[0])  ←1番目のtargetを表示
```

結果例１　※データセット１番目の手書き文字「0」の数値データが表示される。

```
[ 0.  0.  5. 13.  9.  1.  0.  0.  0.  0. 13. 15. 10. 15.  5.  0.  0.  3.
 15.  2.  0. 11.  8.  0.  0.  4. 12.  0.  0.  8.  8.  0.  0.  5.  8.  0.
  0.  9.  8.  0.  0.  4. 11.  0.  1. 12.  7.  0.  0.  2. 14.  5. 10. 12.
  0.  0.  0.  0.  6. 13. 10.  0.  0.  0.]
[[ 0.  0.  5. 13.  9.  1.  0.  0.]
 [ 0.  0. 13. 15. 10. 15.  5.  0.]
 [ 0.  3. 15.  2.  0. 11.  8.  0.]
 [ 0.  4. 12.  0.  0.  8.  8.  0.]
 [ 0.  5.  8.  0.  0.  9.  8.  0.]
 [ 0.  4. 11.  0.  1. 12.  7.  0.]
 [ 0.  2. 14.  5. 10. 12.  0.  0.]
 [ 0.  0.  6. 13. 10.  0.  0.  0.]]
0
```

使用例２　データセットの画像表示（matplotlib との連携）

```
import sklearn.datasets  ←ライブラリの読込
import matplotlib.pyplot as plt  ←ライブラリの読込
dt = sklearn.datasets.load_digits()  ←手書き文字セットを読込
plt.matshow(dt.images[0], cmap = "Greys")
plt.show()
                                  ↑画像での表示
```

結果例２

※データセット１番目の手書き文字「0」が画像で表示される

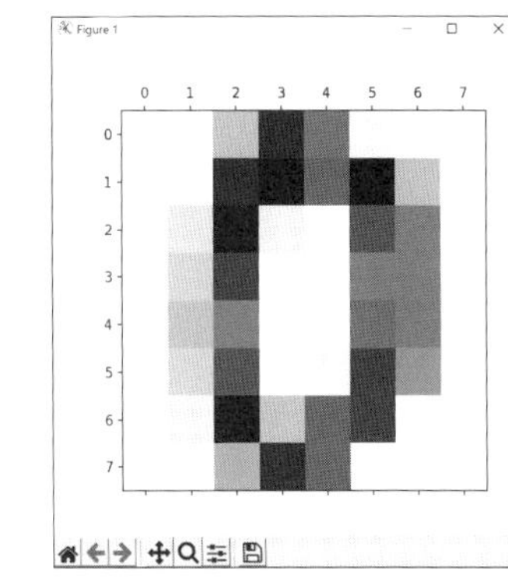

関連用語　import ➡ p.158, import ～ as ➡ p.159

頻出度：★★★★☆

int()	関数 値を整数に変換

機能 指定した値を整数値に変換する。

書式 `int(x)`

引数 *x*：整数に変換したい値

戻り値 *x* で指定した値の整数部分を，整数型で返す。

解説 *x* には数値型，文字列型，bool 値型などが指定できる。

それぞれの戻り値は，以下の通りである。

元の型	引数の例	戻り値
数値	123	123
	123.5	123
	-123.5	-123
文字列	"123"	123
	"123.5"	Error
	"abc"	Error
bool 値	True	1
	False	0

使用例

```
a = int(-5.67)
print(a)
b = int(input("2 乗したい数値を入力："))
print(b ** 2)
```

結果例

```
-5
2 乗したい数値を入力：16
256
```

関連用語 input() ➡ p.80，float() ➡ p.99

頻出度：★★★★☆

float()

関数

浮動小数点に変換

機 能	xで指定した浮動小数点の値に変換する。
書 式	`float(x)`
引 数	x：浮動小数に変換したい値
戻り値	xで指定した値を，浮動小数型で返す。
解 説	xに整数を指定すると，「1.0」のように出力される。int（整数）型やcomplex（複素数）型との計算も可能である。str（文字列）型との計算は不可能のため，エラーが発生する。

使用例

```
a = float(2.3)
b = float(1)
c = a + 2    ←int型+float型（戻り値はfloat型になる）
d = a + (2 + 3j)
print(a)     ↑float型+complex型（戻り値はcomplex型になる）
print(b)
print(c)
print(d)
```

結果例

```
2.3
1.0
4.3
(4.3+3j)
```

関連用語　int() ➡ p.98，complex() ➡ p.113，input() ➡ p.80

ord()	関数
	ASCII コードに変換

機能	指定した1文字の引数をASCIIコードに変換する。
書式	ord(x)
引数	x：文字コードに変換したい1文字の文字列
戻り値	xを整数型のASCIIコードに変換して返す。
解説	文字しかASCIIコードに変換することができないため，xには1文字の文字列しか入らないことに注意する必要がある。また，ASCIIコードを文字に変換するときには，chr()を使用する。

使用例

```
a = ord("A")
b = ord("a")
print(a)
print(b)
c = chr(a)
print(c)
```

結果例

```
65
97
A
```

関連用語 chr() ➡ p.34

# repr()	関数
	文字列に変換

機能　指定した引数を文字列に変換する。

書式　repr(*Obj*)

引数　*Obj*：文字列に変換したい文字列やリスト，タプル，集合，辞書など

戻り値　（*Obj* が文字列）「'　'」を含めた文字列型に変換して返す。
（*Obj* がリストやタプル，集合，辞書）[　] や (　)，{　} を含めた文字列型に変換して返す。

解説　主にデバッグ用に使用される。
戻り値に eval() を適用すると，変換前の *Obj* に戻る。

使用例

```
a = "Python"
b = repr(a)
c = b * 2
d = {"A": 1, "B": 2, "C": 3}
e = repr(d)
f = e * 2
print(c)
print(f)
```

結果例

```
'Python''Python'
{'A': 1, 'B': 2, 'C': 3}{'A': 1, 'B': 2,
'C': 3}
```

関連用語　eval() ➡ p.154，str() ➡ p.35

頻出度：★★☆☆☆

bytes()	**関数**
	変更不可バイト列に変換

機 能	整数値や文字列などをバイト列に変換する。
書 式	bytes(*Obj*, *エンコード*)
引 数	*Obj*：整数値や整数値のタプルやリスト（省略可能） *エンコード*：文字列をバイト列に変換するときのエンコード（省略可能）
戻り値	*Obj* に整数値を指定すると，0(¥x00) が指定回数続くバイト列を返す。*Obj* に整数値をもつタプルやリストを指定すると，要素の数値が ASCII 値である文字列のバイト列を返す。
解 説	整数値は 0 ～ 255 の範囲で指定する。変更可能なバイト配列に変換したい場合は bytearray を用いる。*Obj* を省略すると，空のバイト列を作成する。エンコードを省略すると，UTF-8 となる。

使用例

```
a = bytes(5)
b = bytes([97, 98, 99])
print(a)
print(b)
```

結果例

```
b'¥x00¥x00¥x00¥x00¥x00'
b'abc'
```

関連用語 bytearray() ➡ p.103

bytearray()

関数

変更可バイト配列に変換

機 能 整数値や文字列などをバイト配列に変換する。

書 式 bytearray(*Obj*, *エンコード*)

引 数 *Obj*：整数値や整数値のタプルやリスト（省略可能）
エンコード：文字列をバイト配列に変換するときのエンコード（省略可能）

戻り値 *Obj* に整数値を指定すると，すべての要素が 0(¥x00) となるバイト配列を返す。*Obj* に整数値を持つタプルやリストを指定すると，要素の数値が ASCII 値である文字列のバイト配列を返す。

解 説 整数値は 0 ～ 255 の範囲で指定する。変更不可能なバイト列に変換したい場合は bytes を用いる。*Obj* を省略すると，空のバイト配列を作成する。エンコードを省略すると，UTF-8 となる。

使用例

```
a = bytearray(5)
b = bytearray([97, 98, 99])
print(a)
print(b)
b[2] = 100
print(b)
```

結果例

```
bytearray(b'¥x00¥x00¥x00¥x00¥x00')
bytearray(b'abc')
bytearray(b'abd')
```

関連用語 bytes() ➡ p.102

頻出度：★★★☆☆

all( )	関数
	すべてが真かを判断

機 能 *Obj* に格納されている要素のすべてが True（真）であるか判別する。

書 式 all(*Obj*)

引 数 *Obj*：数値や論理式のリストやタプル

戻り値 *Obj* に格納されているすべての要素が True（真）のとき True（真）を返す。それ以外は False（偽）を返す。

解 説 *Obj* に格納されている要素の 1 つでも「0」が存在すると，False（偽）を返し，それ以外の数値のリストやタプルは True（真）を返す。

使用例

```
x = 2
y = -2
a = all([x > 0, y < 0])   ←xが正かつyが負であるか
b = all([x < 0, y < 0])   ←xが負かつyが負であるか
c = all([0, 1, 2])
print(a)
print(b)
print(c)
```

結果例

```
True
False
False
```

関連用語 any() ➡ p.105

頻出度：★★★☆☆

any()	**関数**
	いずれかが真かを判断

機能　*Obj* に格納されている要素のいずれかが True（真）であるか判別する。

書式　any(*Obj*)

引数　*Obj*：数値や論理式のリストやタプル

戻り値　*Obj* に格納されているいずれかの要素が True（真）のとき True（真）を返す。それ以外は False（偽）を返す。

解説　*Obj* に格納されている数値がすべて「0」のとき，False（偽）を返し，それ以外の数値のリストやタプルは True（真）を返す。

使用例
```
x = 2
y = -2
a = any([x > 0, y > 0])  ←xが正またはyが正であるか
b = any([x < 0, y > 0])  ←xが負またはyが正であるか
c = any([0, 1, 2])
print(a)
print(b)
print(c)
```

結果例
```
True
False
True
```

関連用語　all() ➡ p.104

頻出度：★★★☆☆

bool()	関数
	ブール値（真偽）に変換

機 能	真偽の判定をする。
書 式	bool(*Obj*)
引 数	*Obj*：ブール値に変換したい数値や文字列，論理式（省略可能）
戻り値	ブール値（True（真）か False（偽）のいずれか）を返す。
解 説	*Obj* に論理式を指定した場合は，その式を満たすとき，True（真）を返し，それ以外は False（偽）を返す。*Obj* が 0 か省略されている場合，False（偽）を返す。それ以外は True（真）を返す。

使用例

```
a = 3
b = bool(a)
c = bool()
d = bool(a > 0)
print(b)
print(c)
print(d)
```

結果例

```
True      ←print(b)
False     ←print(c)
True      ←print(d)
```

頻出度：★★☆☆☆

callable()

関数

呼び出し可能かを判断

機 能 呼び出し可能オブジェクトかどうかを判定する。

書 式 callable(*Obj*)

引 数 *Obj*：呼び出し可能か判断したい関数やクラス，組み込み関数など

戻り値 指定した *Obj* が呼び出し可能であれば True（真）を返し，そうでなければ False（偽）を返す。

解 説 関数やクラスを指定すれば True（真）を返し，変数やインスタンスを指定すると，False（偽）を返す。

使用例

```
class A:
    pass
a = A()
b = 1
def c():
    return 1
print(callable(a))  ←インスタンス
print(callable(A))  ←クラス
print(callable(b))  ←変数
print(callable(c))  ←関数
```

結果例

```
False
True
False
True
```

関連用語 class ➡ p.128

頻出度：★★☆☆☆

isinstance()	関数
	指定したデータ型かを判定

機能 特定のデータ型であるかどうかを判定したいときに使用する。

書式 `isinstance(Obj, y)`

引数 *Obj*：データ型を調べたい値や文字列，リストなど
y：int や str など判定したいデータ型

戻り値 *Obj* のデータ型が *y* と一致する場合は，True（真）を返し，一致しない場合は，False（偽）を返す。

解説 変数が特定のデータ型であるときのみ，処理を行うプログラムを作成するときなどに使用する。

使用例

```
a = isinstance([1, 2, 3], list)
print(a)
b = "123"
c = isinstance(b, int)
if c == True :
    d = b * 2
else :
    d = int(b) * 2
print(d)
print(isinstance(True, int))
```

結果例

```
True
246
True  ←True = 1なので int 型
```

関連用語 if ～ else ～ ➡ p.67，データ型 ➡ p.7

頻出度：★★★☆☆

abs()	関数
	絶対値を計算

説明　指定した数の絶対値を求める。

書式　abs(x)

引数　x：絶対値を求めたい数

戻り値　xで指定した数の絶対値を返す。

解説　xには実数，複素数を指定することができる。文字列を指定するとエラーになる。複素数 4+3i を () 内に指定するときは，「4+3j」と入力する。(i ではなく j であることに注意)

使用例

```
a = abs(-50)
b = abs(4 + 3j)
print(a)
print(b)
```

結果例

```
50
5.0
```

頻出度：★★★☆☆

bin()	関数
	2進数に変換

機能	2進数に変換する。
書式	bin(x)
引数	x：2進数に変換したい整数型の数値
戻り値	xを2進数にして，先頭に「0b」をつけた文字列型に変換して返す。
備考	2進数の先頭に "0b" がつく。8進数に変換したいときはoct()を使い，16進数に変換したいときはhex()を使う。binは2進数binaryの略である。
使用例	a = bin(10) print(a)
結果例	0b1010

関連用語　oct() ➡ p.111，hex() ➡ p.112

oct()

関数

8進数に変換

機能	8進数に変換する。
書式	oct(*x*)
引数	*x*：8進数に変換したい整数型の数値
戻り値	*x*を8進数にして，先頭に「0o」をつけた文字列型に変換して返す。
解説	数値型の8進数ではなく，先頭に「0o」をつけた文字列型に変換されるため注意が必要である。また，数値型の8進数に変換したい場合は，%や.format，f文字列を使用して変換する必要がある。octは8進数octalの略である。

使用例

```
a = oct(123)
print(a)
b = f"{123:o}"
print(b)
```

結果例

```
0o173
173
```

関連用語

% ➡ p.20，.format() ➡ p.21，
f文字列 ➡ p.22，bin() ➡ p.110，
hex() ➡ p.112

頻出度：★★★☆☆

hex()

関数

16進数に変換

機能	16進数に変換する。
書式	hex(*x*)
引数	*x*：16進数に変換したい整数型の値
戻り値	*x*を16進数にして，先頭に「0x」を付けた文字列型に変換して返す。
解説	16進数の先頭に「0x」と表示される。2進数に変換したいときはbin()を使い，8進数に変換したいときはoct()を使う。hexは16進数hexadecimalの略である。

使用例

```
a = hex(255)
print(a)
```

結果例

```
0xff
```

関連用語 bin() ➡ p.110，oct() ➡ p.111

頻出度：★★★☆☆

complex()	関数
	複素数に変換

機能　複素数に変換する。

書式

```
complex(x, y)
complex(x + yj)
```

引数　x：複素数の実部（省略可能）
y：複素数の虚部（省略可能）

戻り値　実部が x, 虚部が y である複素数を返す。

解説　虚数単位は「i」ではなく「j」と表示される。引数がすべて省略されると0を意味する「0j」を返す。int型（整数型）やfloat型（浮動小数点型）とも計算が可能である。str型（文字列型）との計算は不可能である。

使用例

```
a = complex(2, 3)
b = complex(3 + 4j)
c = a + b
d = a - a
print(a)
print(b)
print(c)
print(d)
```

結果例

```
(2+3j)
(3+4j)
(5+7j)
0j
```

頻出度：★★★★★

max()

関数

最大値を検索

機 能 指定した引数の要素における最大値を探す。

書 式 max(*x*, *y*, …)

引 数 *x*, *y*, …：最大値を調べたい数値またはリストやタプル，集合，辞書

戻り値 *x*, *y*, …に複数の値または，1つのリストなどを指定すると，その中の値における最大値を返す。

解 説 *x*, *y*, …にリストなどを複数指定すると，要素の総和が最も大きい引数を返す。

x, *y*, …に続いて，以下のオプションを指定できる。

key = max：最も大きい要素を含む引数を返す。
key = len：文字数の最も多い引数を返す。
key = abs：絶対値が最も大きい引数を返す。
Key = int：整数値が最も大きい引数を返す。

使用例

```
a = [1, 3, 9]
b = [2, 6, 8]
print(max(1, 4, 7))
print(max(a, b))
print(max(a, b, key = max))
```

結果例

```
7
[2, 6, 8]
[1, 3, 9]
```

関連用語 min() ➡ p.115

頻出度：★★★★★

min()	関数
	最小値を検索

機能　指定した引数の要素における最小値を探す。

書式　min(*x*, *y*, …)

引数　*x*, *y*, …：最小値を調べたい数値またはリストやタプル, 集合, 辞書

戻り値　*x*, *y*, …にリストなどまたは複数の値を指定すると, その中の値における最小値を返す。

解説　*x*, *y*, …にリストなどを複数指定すると, 最も小さい要素を含む引数を返す。

x, *y*, …に続いて, 以下のオプションを指定できる。

key = sum：要素の総和が最も小さい引数を返す。
key = len：文字数の最も少ない引数を返す。
key = abs：絶対値が最も小さい引数を返す。
key = int：整数型にして最も小さい引数を返す。

使用例

```
a = [3, 4, 7]
b = [2, 8, 9]
print(min(a))
print(min(a, b))
print(min(a, b, key = sum))
```

結果例

```
3
[2, 8, 9]
[3, 4, 7]
```

関連用語　max() ➡ p.114

基本ルール　演算子　書式と文字列　データ構造　分岐処理　繰り返し処理　入出力　変換　判定　数学　クラス　オブジェクト　システム

頻出度：★★★☆☆

# round( )	関数
	四捨五入した値に変換

機能	指定した数値を指定した桁数で四捨五入する。
書式	round(x, y)
引数	x：小数部分を四捨五入したい数値 y：表示したい整数型の桁数（省略可能）
戻り値	xを小数第y+1位を四捨五入して小数第y位まで求めた値を数値型で返す。
解説	yを省略したときは，小数第1位を四捨五入して整数で返す。また，yが負の整数のときは，指定した整数部分を四捨五入する。

使用例

```
a = round(123.456, 2)
b = round(231.22)
c = round(12345, -3)
print(a)
print(b)
print(c)
```

結果例

```
123.46
231
12000
```

頻出度：★★★★★

sum()	**関数**
	合計を計算

機 能	データ内のすべての要素を合計する。
書 式	sum(*Obj*)
引 数	*Obj*：要素の合計を計算したいリストやタプル集合，辞書など
戻り値	*Obj* のすべての要素を合計した結果を，数値型で返す。
解 説	*Obj* の要素は，整数型と小数型が混在していても合計される。また，複数の引数を指定することができないため，*Obj* に数値を指定したり，リストを複数指定したりすることはできない。

使用例

```
a = sum([1, 2, 3])
b = sum([1.3, 2])
c = sum([1, -2])
print(a)
print(b)
print(c)
```

結果例

```
6
3.3
-1
```

頻出度：★★★☆☆

# pow()	関数
	累乗を計算

機能　指定した引数の累乗を計算する。

書式　pow(x, y, z)

引数　x：累乗を計算するための基数となる数値型の値
y：累乗を計算するための指数となる数値型の値
z：割る数となる整数型の値（省略可能）

戻り値　引数が2つのときは，x の y 乗の計算結果を数値型で返す。引数が3つのときは，x の y 乗を z で割った余りを整数型で返す。

解説　引数が2個のときは整数，浮動小数点数，複素数を指定することができ，引数が3個のときは，整数を指定することができる。また，x の y 乗は x ** y，x の y 乗を z で割った余りは (x ** y) % z で計算できる。

使用例

```
a = pow(2, 6)
b = pow(2+3j, 2)
c = pow(3, 4, 5)
print(a)
print(b)
print(c)
```

結果例

```
64
(-5+12j)
1
```

関連用語　算術演算子 ➡ p.12

頻出度：★★★☆☆

divmod( )	**関数** **割り算の商と余りを計算**

機 能	割り算の商と余りを計算する。
書 式	divmod(*x*, *y*)
引 数	*x*：割り算の割られる数 *y*：割り算の割る数
戻り値	*x* を *y* で割った商と余りをタプル型で返す。
解 説	*x*,*y* は実数を指定する。複素数を指定するとエラーが発生する。

使用例

```
a = divmod(20, 7)
print(a)
```

結果例

```
(2, 6)
```

関連用語　算術演算子 ➡ p.12

頻出度：★★★★☆

random.random()

標準ライブラリ
乱数の利用

機 能	乱数を取得する。
書 式	import random （プログラムの最初に記述） random.random()
引 数	なし
戻り値	0から1未満までの乱数をfloat型で返す。
解 説	random.random()は標準モジュールの関数なので，使用する前にrandomライブラリをインポートしておく必要がある。random.random()と同様に使用できる主な関数等には，以下のものがある。

書式	戻り値
random.uniform(x, y)	xからyまでのfloat型の乱数
random.randint(x, y)	xからyまでのint型の乱数
random.choice(*Obj*)	リストや文字列の1つの要素
random.shuffle(*Lst*)	要素をランダムに並べ替えたリスト
random.normalvariate(x, y)	平均x，標準偏差yの正規分布
random.randrange(x, y, z)	x以上y未満z刻みのint型乱数

使用例 1 さまざまな乱数の生成（数値）

```
import random  ←標準ライブラリ random の読込
a = random.random()  ←0～1の乱数（float型）
b = random.uniform(3, 5)  ←3～5の乱数（float型）
c = random.randint(1, 6)  ←1～6の乱数（int型）
print(a)
print(b)
print(c)
```

結果例 1

```
0.7705362365193298
3.4542413144476614
4
```

使用例 2 さまざまな乱数の生成（文字列やリスト）

※ random をインポートする際に別名を付けておくと，プログラム内で利用しやすくなる。

```
import random as rd  ← random に別名 rd を付けて読込
d = rd.choice("python")  ←ランダムに 1 文字を取得
e = rd.choice(["大吉", "吉", "凶"])  ←ランダムに 1 要素を取得
l = ["one", "two", "three", "four"]
m = rd.shuffle(l)  ←ランダムにリストの要素を並べ替え
print(d)
print(e)
print(l)
print(m)
```

結果例 2

```
t
大吉
['one', 'four', 'two', 'three']
None
```

※ rd.shuffle() による並べ替えは，元のリストを直接並べ替える（戻り値として新しいリストが得られるわけではない）。

関連用語　import ➡ p.158, import 〜 as ➡ p.159

math.sin()

標準ライブラリ

数学関数の利用

機能	数学計算用の関数 sin() の値を求める。
書式	import math （プログラムの最初に記述） math.sin(x)
引数	x：sin の値を求めたい数値（単位はラジアン）
戻り値	x のサインの値 sin(x) を返す。
備考	math.sin() は標準ライブラリの関数なので，使用する前に math ライブラリをインポートしておく必要がある。なお，math.sin() と同様に使用できる関数等には，以下のものがある。

【主な数学関数】

	書式	戻り値	数学表記
三角関数	math.sin(x)	サイン	$\sin x$
	math.cos(x)	コサイン	$\cos x$
	math.tan(x)	タンジェント	$\tan x$
絶対値	math.fabs(x)	x の絶対値（float 型）	$\|x\|$
平方根	math.sqrt(x)	x の正の平方根	$\sqrt{x}$
整数化	math.ceil(x)	x 以上の最小の整数	---
	math.floor(x)	x 以下の最大の整数	---
指数	math.pow(x, y)	x の y 乗	x^y
	math.exp(x)	底 e の指数関数	e^x
対数	math.log(x)	底 e の対数関数	$\log x$
	math.log(x, y)	底 y の対数関数	$\log_y x$
定数	math.pi	円周率（3.141592...）	π
	math.e	自然対数の底（2.718281...）	e

使用例 1 定数πと関数の利用

```
import math  ←標準ライブラリ math の読込
p = math.pi  ←円周率πの代入
print(p)  ←円周率πの表示
print(math.floor(p))  ←π以下の最大の整数の表示
s = math.sin(p / 4)  ← sin(π/4) の値 s に代入
c = math.cos(p / 4)  ← cos(π/4) の値 c に代入
t = math.tan(p / 4)  ← tan(π/4) の値 t に代入
print(round(s, 2))  ← s を小数第 2 位まで表示
print(round(c, 2))  ← c を小数第 2 位まで表示
print(round(t, 2))  ← t を小数第 2 位まで表示
```

結果例 1

```
3.141592653589793
3
0.71
0.71
1.0
```

使用例 2 指数・対数関数の利用

```
import math  ←標準ライブラリ math の読込
print(math.log(8, 2))  ←底 2, 真数 8 の対数の値を表示
print(math.pow(4, 3))  ← 4 を 3 乗した値の表示
```

結果例 2

```
3.0
64.0
```

関連用語　import ➡ p.158, round() ➡ p.116

頻出度：★★★★☆

numpy.array()

外部ライブラリ

多次元配列の利用

機 能	numpy 配列を作成する。
書 式	import numpy （プログラムの最初に記述） numpy.array(*Obj*)
引 数	なし
戻り値	*Obj*（リストやタプルなど）から配列を作成し，ndarray 型で返す。
解 説	pip install numpy でライブラリをインストールしておく。numpy.array() は外部ライブラリの関数なので，使用する前に numpy ライブラリをインポートしておく必要がある。numpy.array() と同様に使用できる主なメソッド等には，以下のものがある。

書式	戻り値
numpy.arange(*x*, *y*, *z*)	配列（開始値，終了値，幅の指定）
numpy.zeros()	要素がすべて 0 の配列
numpy.linspace(*x*, *y*, *z*)	*x* から *y* まで *z* 分割した配列
numpy.random.rand()	0 以上 1 未満の乱数配列
numpy.dot()	配列のドット積（1 次元では内積）

使用例 1 配列の作成

```
import numpy  ←外部ライブラリ numpy の読込
a = numpy.array([1, 2, 3])  ←配列の作成
print(a)
b = numpy.arange(1, 10, 2)  ←開始・終了・幅指定で配列の作成
print(b)
```

結果例 1

```
[1 2 3]
[1 3 5 7 9]
```

使用例2 乱数を利用した配列の作成と要素の抽出

```
import numpy  ←外部ライブラリ numpy の読込
a = numpy.zeros((2, 3))  ←2X3 要素 0 の配列作成
print(a)
b = numpy.random.rand(3)  ←1X3 要素が乱数の配列作成
print(b)
```

結果例2

```
[[0. 0. 0.]
 [0. 0. 0.]]
[0.29775732 0.91510416 0.35579169]
```

使用例3 2つの配列のドット積

```
import numpy  ←外部ライブラリ numpy の読込
a = numpy.array([1, 2, 3])  ←配列の作成
print(a)
b = numpy.array([0, 1, 2])  ←配列の作成
print(b)
c = numpy.dot(a, b)  ←a と b のドット積（内積）
print(c)
```

結果例3

```
[1 2 3]
[0 1 2]
8
```

※要素同士を掛けて合計した
1*0 + 2*1 + 3*2 = 8
が表示される

関連用語　import ➡ p.158

頻出度：★★★★☆

matplotlib.pyplot.show()	外部ライブラリ
	グラフ表示の利用

機能 関数やデータのグラフを表示する。

書式
```
import matplotlib.pyplot as plt
plt.show()
```
（import文はプログラムの最初に記述）

引数 なし

戻り値 グラフを表示する。

解説 pip install matplotlib でライブラリをインストールしておく。matplotlib.pyplot のようにライブラリ名が長くなるため，plt のような短い別名を付けておくとよい。plt.show() と同様に使用できる主な関数等には，以下のものがある。

	書式	戻り値
グラフの作成	plt.plot(*x*, *y*)	*x*,*y* 座標からグラフ作成
	plt.pie()	円グラフを作成
グラフに追加する要素	plt.title()	グラフタイトル
	plt.grid()	グリッド線
	plt.xlabel()	*x* 軸ラベル
	plt.ylabel()	*y* 軸ラベル

使用例 1 三角関数のグラフ（numpy 配列や関数も使用）

```
import numpy  ← numpy の読込
import matplotlib.pyplot as plt  ←別名 plt を付けて読込
x = numpy.arange(0, 2 * 3.14, 0.1)  ←0～2πを 0.1 幅で分割
y = numpy.sin(x)  ← numpy の sin() 関数
plt.plot(x, y)  ←グラフの作成
plt.show()  ←グラフの表示
```

結果例 1

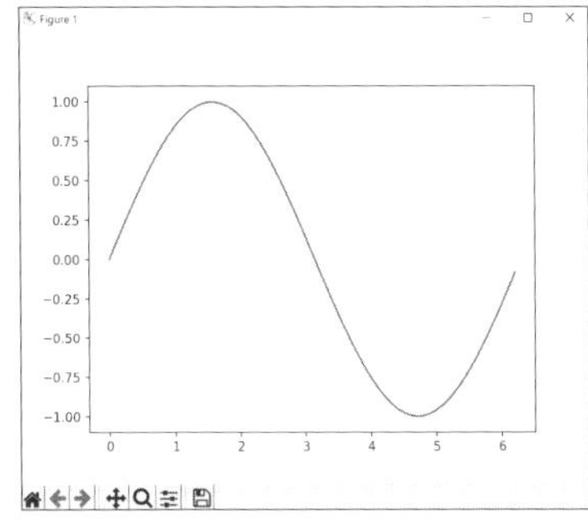

使用例 2 円グラフの作成

```
import matplotlib.pyplot as plt  ←別名pltを付けて読込
L = ["D", "C", "B", "A"]  ←ラベルの指定（反時計回り）
data = [5, 10, 25, 60]  ←値の指定（反時計回り）
plt.pie(data, explode = None, labels = L,
autopct = '%1.1f%%', startangle = 90)  ←円グラフの作成
plt.title("PIE CHART")  ←タイトルの設定
plt.show()  ←グラフの表示
```

結果例 2

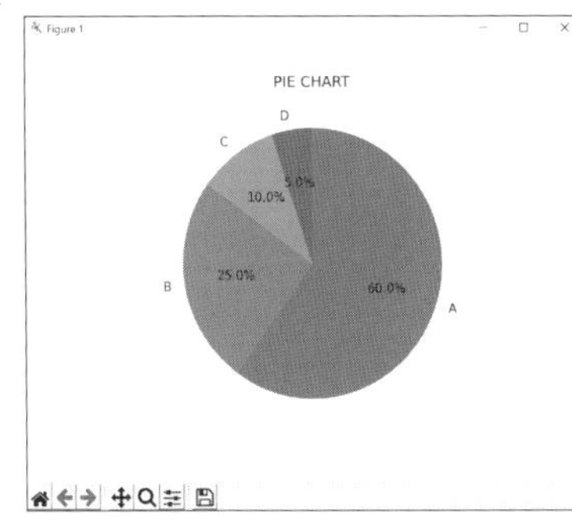

関連用語　import ➡ p.158, import ～ as ➡ p.159

頻出度：★★★☆☆

class	**文**
	クラスの定義

機能	クラスを定義する。
書式	class *x*
引数	*x*：定義したいクラス名
戻り値	なし
解説	インデントで字下げされた処理をクラスとして定義 フィールド：クラス内で使用する変数を記述 メソッド：クラス内で使用する関数を記述

使用例

```
class Fruits:
    title = "果物詰合せ"
    price = 2980

    def check_price(self, n):
        print(self.title, "は1パック",
        self.price, "円です")
        print(n, "パック購入で", self.
        price * n, "円です")
f1 = Fruits()  ←インスタンス（実体）化
f1.check_price(3)  ←インスタンス化したオブジェクトのメソッドを実行
```

クラス　フィールド　メソッド

結果例

```
果物詰合せ は1パック 2980 円です
3 パック購入で 8940 円です
```

関連用語　def ➡ p.157

頻出度：★★★☆☆

__init__()

関数

コンストラクタの定義

機能　クラスからオブジェクトを生成するときの自動実行処理（コンストラクタ：初期化処理）を定義する。

書式　def __init__(*self*, *x*, *y*, …)

引数　*self*：自分自身を指す変数

x, *y*, …：必要に応じて定義する変数

戻り値　なし

解説　最初の引数は，原則として self とする。2 番目以降 *x*, *y*, …は任意の変数名にできる。すべての引数を省略すると，引数なしの初期化処理を実行する。

使用例

```
class Fruits:
    def __init__(self, t, p):
        self.title = t
        self.price = p
    def check_price(self, n):
        print(self.title, "は1パック",
        self.price, "円です")
        print(n, "パック購入で", self.
        price * n, "円です")
f2 = Fruits("イチゴ", 498)
f2.check_price(3)
```

コンストラクタ（def __init__ から self.price = p までの部分）

結果例

```
イチゴ は1パック 498 円です
3 パック購入で 1494 円です
```

関連用語　class ➡ p.128, def ➡ p.157

基本ルール 演算子 書式と文字列 データ構造 分岐処理 繰り返し処理 入出力 変換 判定 数学 クラス オブジェクト システム

頻出度：★★☆☆☆

super()

関数

元クラスの処理を利用

機 能	元のクラス内の処理と同じ処理を，継承したクラス内で定義するときに使用する。
書 式	`super().`x
引 数	x：元のクラスのメソッドなど
戻り値	なし
解 説	継承元と継承したクラス内での処理名は，同じ処理名とする。

使用例

```
class Fruits:
    def __init__(self, t, p):
        self.title = t
        self.price = p
    def check_price(self, n):
        print(self.title, "は1パック",
        self.price, "円です")
        print(n, "パック購入で", self.
        price * n, "円です")
class Grapes(Fruits):
    def __init__(self, t, p):
        super().__init__(t, p)
f3 = Grapes("ぶどう", 398)    ↑親クラスのコンストラクタ利用
f3.check_price(5)
```

結果例

```
ぶどう は1パック 398 円です
5 パック購入で 1990 円です
```

関連用語 class ➡ p.128, def ➡ p.157

頻出度：★★☆☆☆

issubclass()	関数
	子クラスであるかを判定

機能 指定した2つのクラスの間に継承関係があるかどうかを判定する。

書式 issubclass(x, y)

引数 x：調べたい子クラスのクラス名

y：検索対象となる親クラスのクラス名

戻り値 x が y の子クラスであるときは True（真），そうでないときは False（偽）を返す。

解説 y にクラスを複数格納したタプルを指定した場合，x が y のいずれかの子クラスであれば True（真）となる。

使用例

```
class A:
    pass
class B(A):   ←BはAの子クラス
    pass
class C:
    pass
a = issubclass(B, C)
b = issubclass(B, (A, C))
print(a)
print(b)
```

結果例

```
False
True
```

関連用語 class ➡ p.128，pass ➡ p.148

頻出度：★★☆☆☆

setattr()	関数
	属性名と値を追加

機能 指定したクラスに属性名とそれに対応する値を追加する。

書式 `setattr(`*Obj*`, `*x*`, `*y*`)`

引数 *Obj*：属性名と値を追加したいクラス名

x：*Obj* に追加したい属性の属性名

y：*Obj* に追加したい属性 *x* の値

戻り値 なし

解説 「*Obj*.*x* = *y*」でも同様に *Obj* に属性名とそれに対応する値を追加することができる。

使用例

```
class A:
    pass

a = A()
setattr(a, "price", 230)
print(vars(a))
```

結果例

```
{'price': 230}
```

関連用語 class ➡ p.128, pass ➡ p.148, vars() ➡ p.143, getattr() ➡ p.133

頻出度：★★☆☆☆

getattr()

関数

属性を取得

機能	指定したクラスにある属性名に対応する値を取得する。
書式	`getattr(`*Obj*`, `*x*`)`
引数	*Obj*：属性の値を取得したいクラス名 *x*：属性の名前
戻り値	*x*で指定したクラスの中の属性の値を返す。
備考	クラスの中に属性*x*が存在していないと，エラーが発生する。

使用例

```
class A:
    pass

a = A()
setattr(a, "name", "python")
setattr(a, "color", "red")
b = vars(a)
print(b)
c = getattr(a, "color")
print(c)
```

結果例

```
{'name': 'python', 'color': 'red'}
red
```

関連用語 class ➡ p.128, pass ➡ p.148, vars() ➡ p.143, setattr() ➡ p.132

頻出度：★★☆☆☆

hasattr()	**関数**
	属性が存在するかを判断

機能	指定したクラスに属性が存在するかを判断する。
書式	hasattr(*Obj*, *x*)
引数	*Obj*：属性が存在するか調べたいクラス名 *x*：属性の名前
戻り値	指定したクラスに属性 *x* が存在すれば True（真）を返し，存在しなければ False（偽）を返す。
解説	属性を取得したいときは getattr() を使い，属性を削除したい場合は delattr() を使う。

使用例

```
class A:
    pass


a = A()
setattr(a, "name", "python")
setattr(a, "color", "red")
b = vars(a)
print(b)
c = hasattr(a, "color")
print(c)
```

結果例

```
{'name': 'python', 'color': 'red'}
True
```

関連用語 class ➡ p.128，pass ➡ p.148，vars() ➡ p.143，setattr() ➡ p.132

頻出度：★★☆☆☆

delattr()

関数

属性を削除

機 能	指定したクラスの属性を削除する。
書 式	delattr(*Obj*, *x*)
引 数	*Obj*：属性を削除したいクラス名 *x*：属性の名前
戻り値	なし
解 説	指定したクラスの中に属性 *x* が存在しない場合はエラーが発生する。

使用例

```
class A:
    pass

a = A()
setattr(a, "name", "python")
setattr(a, "color", "red")
b = vars(a)
print(b)
delattr(a, "color")
print(b)
```

結果例

```
{'name': 'python': 'color': 'red'}
{'name': 'python'}
```

関連用語 class ➡ p.128, pass ➡ p.148, vars() ➡ p.143, setattr() ➡ p.132

頻出度：★★☆☆☆

@classmethod

関数

クラスメソッドに変換

機能	メソッドをクラスメソッドに変換する。
書式	@classmethod
引数	なし
戻り値	なし
解説	指定するメソッドを定義している def 文の直前に指定する。通常のメソッドはインスタンス名．メソッド名の組合せで実行するが，クラスメソッドはクラス名．メソッド名の組合せで実行できる。通常のメソッドは引数に self が必要だが，クラスメソッドは引数に cls が必要である。また，最初の引数を第１引数という。

使用例

```
class Hello:
    def morning(self):
        print("おはようございます！")
    @classmethod
    def afternoon(cls):
        print("こんにちは！")

a = Hello()          ←クラスメソッドを指定しない場合
a.morning()            は Hello.morning() のように
Hello.afternoon()      クラス名は指定できない。
```

結果例

```
おはようございます！
こんにちは！
```

関連用語 class ➡ p.128，def ➡ p.157，
@staticmethod ➡ p.137

頻出度：★★☆☆☆

@staticmethod	関数
	静的メソッドに変換

機能　メソッドを静的メソッドに変換する。

書式　@staticmethod

引数　なし

戻り値　なし

解説　関数であるが，プログラム内では@staticmethodと記述する。また，静的メソッドに変換したメソッドは，selfなどの指定されている第1引数を必要としない。そのため，必要な引数を1番目から記述できる。また，静的メソッドは他の関数などにアクセスすることができない。

使用例
```
class A:
    @staticmethod
    def food(food, price):
        print(food, "の値段は", price,
        "円です。")
A.food("バナナ", 120)
```

結果例
```
バナナ の値段は 120 円です。
```

関連用語　class ⇒ p.128，def ⇒ p.157，@classmethod ⇒ p.136

頻出度：★☆☆☆☆

object()	関数
	オブジェクトを生成

機能 object オブジェクトを生成する。

書式 `object()`

引数 なし

戻り値 object クラスの object オブジェクトを返す。

解説 object クラスとは，Python におけるすべてのクラスの親クラスである。

使用例

```
a = object()
print(a)
```

結果例

```
<object object at 0x106b80b80>
```

頻出度：★★☆☆☆

id()	関数
	オブジェクト ID を取得

機能　指定した引数のオブジェクト ID を取得する。

書式　id(*Obj*)

引数　*Obj*：オブジェクト ID を取得したい値やリストなど

戻り値　*Obj* が配置されているメモリのアドレスを示すオブジェクト ID を返す。

解説　*Obj* に変数を指定すると，その変数が今どのオブジェクトを参照しているかを調べることができる。また，オブジェクト ID は一定の値では無いため，戻り値も一定の値ではない。

使用例

```
a = id(123)
b = [1, "Hello", "Python"]
c = b
d = id(b)
e = id(c)
print(a)
print(d)
print(e)
```

結果例

```
4571159088
4562545792
4562545792
```

頻出度：★★☆☆☆

map()

関数

全要素に関数を適用

機 能	指定した関数を，2番目以降に指定したリストなどの引数の要素に繰り返し適用して，その結果を返す。
書 式	map(*x*, *y*, …)
引 数	*x*：len や str などの関数または，ユーザーが定義した関数（引数や () は省略） *y*, …：関数を適用したいリストやタプル，集合，辞書
戻り値	*y*, …の要素を引数として *x* を適用し，その結果を map オブジェクトとして返す。結果の表示は，表示したいデータ型に変換する必要がある。
解 説	*x* に必要な引数が1個ならば *y*, …は1個のように *x* に必要な引数と *y*, …の個数を合わせる必要がある。

使用例

```
a = ["apple", "banana", "pineapple"]
b = [1, 2, 3]
c = [10, 20, 30]
def area(x, y):
    return x * y
d = map(len, a)
e = map(area, b, c)
print(list(d))
print(tuple(e))
```

結果例

```
[5, 6, 9]
(10, 40, 90)
```

関連用語 def ➡ p.157, list() ➡ p.40, tuple() ➡ p.41

頻出度：★★★☆☆

type()

関数

データ型を出力

機 能	指定した引数のデータ型を出力する。
書 式	type(*Obj*)
引 数	*Obj*：データ型を調べたい数値や文字列，ブール値など
戻り値	*Obj* のデータ型を表示する type オブジェクトを返す。
解 説	is 演算子を使用することで，特定のデータ型かどうかを調べることができる。また，指定したオブジェクトが特定のデータ型かどうか調べるときは，isinstance 関数を使っても良い。

使用例

```
a = type(123.4)
b = type("Python")
c = a is int
print(a)
print(b)
print(c)
```

結果例

```
<class 'float'>
<class 'str'>
False
```

関連用語 isinstance() ➡ p.108

頻出度：★★★☆☆

reversed()

関数

要素を逆順に取り出す

機能	指定した引数の要素を逆順に取り出す。
書式	reversed(*Obj*)
引数	*Obj*：逆順で要素を取り出したい文字列やリスト，タプル，集合，辞書
戻り値	（*Obj* が文字列）最後の文字から逆順に取り出した reversed オブジェクトを返す。 （*Obj* がリストやタプル，集合）最後の要素から逆順に取り出した reversed オブジェクトを返す。 （*Obj* が辞書）キー値のみを，最後の要素から逆順に取り出した reversed オブジェクトを返す。
解説	戻り値が reversed オブジェクトとなるため，for 文や list 関数などと組み合わせて使用することが多い。

使用例

```
a = "Python"
b = reversed(a)
c = {"A": 1, "B": 2}
d = reversed(c)
print(list(b))
print(list(d))
```

結果例

```
['n', 'o', 'h', 't', 'y', 'P']
['B', 'A']
```

関連用語 list() ➡ p.40, for ～ in reversed() ➡ p.75, sorted() ➡ p.62

vars()

関数

属性名と値の一覧を取得

機能	属性名とそれに対応する値の一覧を取得する。
書式	vars(*Obj*)
引数	*Obj*：属性名と値の一覧を取得したいオブジェクト
戻り値	*Obj* が持つ属性名とそれに対応する値の一覧を辞書型で返す。
解説	クラス内で定義した情報を一括で取得して確認したいときなどに使用するとよい。また，引数を省略したときは，locals 関数と同様の働きを行う。

使用例

```
class A:
    def __init__(self, name, price):
        self.name = name
        self.price = price
a = A("rice", 200)  ←オブジェクトを生成
b = vars(a)
print(b)
```

結果例

```
{'name': 'rice', 'price': 200}
```

関連用語

class ➡ p.128, pass ➡ p.148,
__init__() ➡ p.129, locals() ➡ p.64

頻出度：★★☆☆☆

iter()	関数
	イテレータを生成

機能 引数が1つの場合は，引数のイテレータを生成する。引数が2つの場合は，戻り値が指定したキーワードになるまで，戻り値を要素とするイテレータを生成する。

書式 iter(*Obj*, *X*)

引数 *Obj*：引数が1つの場合は，イテレータにしたい文字列やリスト，タプル，集合，辞書など
引数が2つの場合は，引数なしで呼び出し可能なオブジェクト
X：繰り返し処理を終了させるためのキーワード（省略可能）

戻り値 引数が1つの場合は *Obj* の要素，引数が2つの場合は *Obj* を実行した戻り値を1個ずつ取り出すためのオブジェクトであるイテレータを返す。

解説 iter() はイテレータを生成するのみであるため，next() と併用することで，*Obj* の要素を next() を使用するだけで取り出すことができる。

使用例

```
a = ["Hello", "Python", 3.10]
b = iter(a)
for i in range(2):
    print(next(b))
```

結果例

```
Hello
Python
```

関連用語 next() ➡ p.145, for ～ in range() ➡ p.72

頻出度：★★☆☆☆

next()	**関数**
	要素を１つずつ取得

機能　イテレータの要素を1つずつ取得する。

書式　next(x)

引数　x：iter関数などで作成したイテレータ

戻り値　1回実行するごとに，イテレータの要素を先頭から順に1つずつ取り出し，その値を返す。

解説　イテレータを引数として使用する関数であるため，iter関数と組み合わせて使う。また，取り出す要素がなくなると，ストップイテレーションが発生する。

使用例

```
a = [1, 2, 3]
b = iter(a)
for i in a:
    c = next(b)
    print(c)
```

結果例

```
1
2
3
```

関連用語　iter() ➡ p.144，for ～ in ～ ➡ p.70

コラム　イテレータ

イテレータとは，「反復的に処理が可能なオブジェクト」のことです。イテレータの利点は，next()のような簡単な記述で要素を１つずつ順番に取り出すことができることです。ただし，１度取り出した要素をもう１度取り出すことはできません。

頻出度：★★☆☆☆

filter( )	**関数**
	要素を抽出

機能 条件を満たす要素を抽出する。

書式 filter(*Obj1*, *Obj2*)

引数 *Obj1*：条件を判断する関数

Obj2：リストやタプルなど

戻り値 *Obj2* のデータから，*Obj1* が True（真）を返すもののみを抽出し,filter 型のオブジェクト（イテレータ）で返す。

解説 出力結果の値は,for 文などで取り出すことができる。

使用例

```
def number(n):
    if n % 2 == 0:
        return True
    else:
        return False
a = [1, 2, 3, 4, 5, 6, 7, 8]
b = filter(number, a)
for i in b:
    print(i)
```

結果例

```
2
4
6
8
```

関連用語 def ➡ p.157, if ～ else ～ ➡ p.67, for ～ in ～ ➡ p.70

enumerate()

関数

値と要素番号を同時に取得

機能	格納されている値と要素番号を同時に取得する。
書式	enumerate(*Obj*, start = *x*)
引数	*Obj*：リストやタプルなど *x*：出力する要素番号を開始する値（省略可能）
戻り値	*x*で指定した数値からカウントした要素番号と*Obj*に格納されている要素の値を組みにしてタプルをenumerateオブジェクト型で返す。
解説	戻り値がenumerateオブジェクト型となるため，list()関数などと使用することが多い。また，start = *x*を省略すると，*x*は0となる。

使用例

```
a = ("日本", "関東", "東京")
b = enumerate(a)
c = list(b)
d = enumerate(a, start = 1)
e = list(d)
print(c)
print(e)
```

結果例

```
[(0, '日本'), (1, '関東'), (2, '東京')]
[(1, '日本'), (2, '関東'), (3, '東京')]
```

関連用語 for ～ in enumerate() ➡ p.74,
list() ➡ p.40

頻出度：★★★☆☆

pass	文
	処理のスキップ

機能 何も処理しないことを記述する。

書式 `pass`

引数 なし

戻り値 なし

解説 以下の処理で使用することが多い。

- 選択処理の分岐先で何も処理をしない場合
- 空の関数やクラスの定義をする場合
- 空のファイルを作成する場合

使用例

```
for i in range(5):
    if i % 2 == 0:
        print(i)
    else:
        pass


with open("empty.txt", "w"):
    pass
```

結果例

```
0
2
4
```

empty.txt の内容

（データなしの空のファイル）

関連用語 for ～ in range() ➡ p.72, if ～ else ～ ➡ p.67, open() ➡ p.82～83

頻出度：★★★☆☆

quit()	関数
	プログラムの強制終了

機能　実行しているプログラムを強制終了する。

書式　`quit()`

引数　なし

戻り値　なし

解説　Python コマンド入力モードを終了するときにも使用する。また，繰り返し文のとき以外にも用いることができる。もし，意図せずに無限ループになってしまった場合は，[Cntl] + [c] で強制終了することができる。
繰り返しを中断し，その後の処理を継続して実行させたい場合は，break を用いる。

使用例

```
for i in range(10):
    print(i)
    if i == 4:
        print(i, "が見つかりました。")
        quit()
```

結果例

```
0
1
2
3
4
4 が見つかりました。
```

関連用語　for ～ in range() ➡ p.72,
if ～ ➡ p.66, break ➡ p.78

頻出度：★★☆☆☆

breakpoint()	関数 実行中に一時停止

機能 プログラムを実行中に一時停止する。実行すると，(pdb) と表示され，コマンドが実行できる。

書式 `breakpoint()`

引数 なし

戻り値 なし

解説 主にデバッグ時に使用する。

使用例

```
for i in range(2):
    breakpoint()
```

結果例

```
(pdb) i        ←変数iの値を表示
0
(pdb) c        ←次のbreakpointまで移動
(pdb) i        ←変数iの値を表示
1
(pdb) q        ←デバッグを停止
```

主なコマンド

コマンド名	説明
変数名　または　p *変数名*	指定した変数の値を表示
c または continue	次の breakpoint まで移動
q または quit	デバッグを停止
h または help	コマンド一覧を表示

関連用語 for ～ in range() ➡ p.72

頻出度：★★☆☆☆

memoryview()

関数

メモリを操作

機能	オブジェクトの内部にあるメモリのコピーを作らずに，元のメモリを操作することができる状態にする。
書式	memoryview(*Obj*)
引数	*Obj*：メモリ内操作をしたいバイト列やバイト配列
戻り値	*Obj* の内部データを参照したり，書き換えたりすることができるメモリビューオブジェクトを返す。
解説	メモリ内を直接操作するため，同じデータを参照している変数を一度にすべて書き換えることが可能になる。

使用例

```
a = bytearray("python", encoding =
"utf-8")
b = memoryview(a)
print(b[0])
print(chr(b[0]))
b[0] = 80
print(a)
```

結果例

```
112
p
bytearray(b'Python')
```

関連用語 bytes() ➡ p.102，bytearray() ➡ p.103，chr() ➡ p.34

頻出度：★★☆☆☆

compile()

関数

ソースコードをコンパイル

機能	x で指定した文を code 型のオブジェクトに変換し，exec() や eval() で実行できるようにする。
書式	compile(x, "<string>", "y")
引数	x：コンパイルしたい文字列型の文 y：x が一連の文であれば「exec」，単一の文であれば「eval」を指定
戻り値	なし
解説	x の文はコメント文（docstring）として指定する。

使用例

```
a = """
for i in range(4):
    print(i)
"""
b = compile(a, "<string>", "exec")
c = exec(b)
print(c)
```

a のソースコードを実行形式でコンパイル ↓（b = compile(…) の行）

← b のプログラムを実行（c = exec(b) の行）

結果例

```
0
1
2
3
None
```

関連用語

for ～ in ～ ➡ p.70，exec() ➡ p.153，eval() ➡ p.154

頻出度：★★☆☆☆

exec()	関数
	指定した文を実行

機 能	指定した文を実行する。
書 式	exec(x)
引 数	x：実行したい文字列型の文
戻り値	なし
解 説	戻り値は存在しない。下の例で「b = exec("a = 2 + 3")」としても，a には 5 が代入されるが，b の値には何も格納されないことに注意。

使用例

```
exec("a = 2 + 3")
print(a)
```

結果例

```
5
```

関連用語 eval() ⇒ p.154，compile() ⇒ p.152

頻出度：★☆☆☆☆

eval( )	**関数**
	指定した式を計算

機 能	指定した式を計算する。
書 式	`eval(x)`
引 数	x：計算したい文字列型の式
戻り値	計算式 x の結果を返す。
備 考	計算式 x は文字列（式の両端に「'」または「"」を付ける）として入力する。

使用例

```
a = eval("2 + 3")
print(a)
```

結果例

```
5
```

関連用語 exec() ➡ p.153, compile() ➡ p.152

頻出度：★★☆☆☆

dir()	関数
	属性の取得

機能　モジュールやクラスが持つ属性を調べるために使用する。

書式　`dir(x)`

引数　x：属性を調べたいモジュール，クラス名など

戻り値　モジュールやクラスが持つ属性を，リスト型で返す。

解説　モジュールやクラスのすべての属性を要素に持つリストが生成される。

使用例

```
class Fruits:
    title = "イチゴ"
    price = 498
a = dir(Fruits)
print(a)
```

結果例

```
['__class__', '__delattr__', '__dict__',
'__dir__', '__doc__', '__eq__', '__
format__', '__ge__', '__getattribute__',
'__gt__', '__hash__', '__init__', '__
init_subclass__', '__le__', '__lt__',
'__module__', '__ne__', '__new__', '__
reduce__', '__reduce_ex__', '__repr__',
'__setattr__', '__sizeof__', '__str__',
'__subclasshook__', '__weakref__',
'price', 'title']
```

※クラス Fruits が持つ属性に，定義した title と price がリストの最後に追加されている。

関連用語　class ⇒ p.128

頻出度：★★☆☆☆

help()	関数 ヘルプの表示

機能	関数の使い方のヘルプ（英語表記）を表示する。
書式	help(x)
引数	x：ヘルプを表示したい関数名など
戻り値	なし
解説	xを省略して起動するとヘルプシステムが起動して，入力した関数のヘルプ表示を連続して行う。
使用例	help("len") help("chr")

結果例

```
Help on built-in function len in
module builtins:

len(obj, /)
    Return the number of items in a
    container.


Help on built-in function chr in
module builtins:

chr(i, /)
    Return a Unicode string of one
    character with ordinal i; 0 <= i
    <= 0x10ffff.
```

頻出度：★★★★★

def	文
	関数を定義

機能　自分で作成した関数を定義する。

書式
```
def 関数名(x, y, …):
    処理
    return z
```

引数　x, y, …：関数の呼び出し元から受け取る値（引数）
z：関数の呼び出し元へ返す値（戻り値）

備考　引数や戻り値は必要がなければ省略できる。また，プログラムの最初に指定しないとエラーとなる。

使用例
```
def title():
    print("三角形の面積を計算")
def cal(a, b):
    c = a * b / 2
    return c
title()
a = float(input("底辺を入力："))
b = float(input("高さを入力："))
c = cal(a, b)
print("この三角形の面積は", c)
```

結果例
```
三角形の面積を計算
底辺を入力：3.5
高さを入力：4.5
この三角形の面積は 7.875
```

関連用語　float() ➡ p.99, input() ➡ p.80

頻出度：★★★★★

import	文
	ライブラリの読込

機 能	プログラムに必要なライブラリを読み込む。
書 式	import *x*
引 数	*x*：利用したいライブラリ名
戻り値	なし
解 説	読み込んだライブラリを利用するには，ライブラリ名に .（ドット）を付けてモジュールやメソッド，関数名を指定する。

（使用例は random モジュール内の random 関数を使用している）

使用例

```
import random
a = random.randint(1, 6)
print(a)
```

結果例

```
3
```

1～6の整数の乱数

コラム from を使った import

from *x* import *y* と指定すると，モジュール *x* にある関数などの *y* を直接インポートできるようになります。実行時にモジュール名を省略でき，より短いコードで書けるようになります。上の使用例は，以下のように書くこともできます。

```
from random import randint
a = randint(1, 6)    ←モジュール名 random を省略できる
print(a)
```

関連用語　import ～ as ➡ p.159

基本ルール 演算子 書式と文字列 データ構造 分岐処理 繰り返し処理 入出力 変換 判定 数学 クラス オブジェクト システム

import ～ as

文

ライブラリに別名を付与

機 能　プログラムに必要なライブラリを読み込んで，別名を付ける。

書 式　`import x as y`

引 数　x：利用したいライブラリ名

y：ライブラリに付けたい別名

戻り値　なし

解 説　読み込んだライブラリを利用するには，別名に．(ドット) を付けてモジュールやメソッド，関数名を指定する。

（使用例は random モジュール内の random 関数を使用している）

使用例

```
import random as rd
a = rd.random()   ←別名の rd で利用できる
print(a)
```

結果例

```
0.2790233467386084
```

0 ～ 1 の乱数が表示される

関連用語　import ➡ p.158

頻出度：★★★★☆

pip install	命令
	外部ライブラリのインストール

機能　外部ライブラリをインストールする。

書式　`pip install x`

引数　x：インストールしたいライブラリ名

解説　PyPI（Python Package Index https://pypi.org）に公開されている外部ライブラリのダウンロードとインストールをする。削除（アンインストール）したい場合は，pip uninstall xを入力する。

（使用例は Pygame2.1.2 をインストールしている）

使用例　Windows ではコマンドプロンプト（またはターミナル）アプリで入力する。

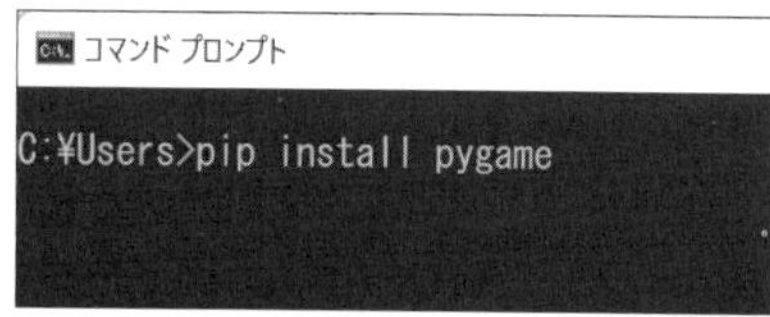

結果例

```
Collecting pygame
  Downloading pygame-2.1.2-cp310-cp310-win_amd64.whl (8.4 MB)
     ---------------------------------------- 8.4/8.4 MB 1.0 MB/s eta 0:00:00
Installing collected packages: pygame
Successfully installed pygame-2.1.2
```

関連用語　pip list ➡ p.161, 169

頻出度：★★★★☆

pip list

命令

外部ライブラリのリスト表示

機能　インストールされている外部ライブラリをリスト形式で表示する。

書式　`pip list`

解説　`pip install` でインストールした外部ライブラリの名前とバージョンを一覧表示する。使用する環境によって表示結果は異なる。

使用例　Windowsではコマンドプロンプト（またはターミナル）アプリで入力する。

結果例

```
Package         Version
--------------- -------
cycler          0.11.0
fonttools       4.33.3
joblib          1.1.0
kiwisolver      1.4.2
matplotlib      3.5.2
numpy           1.22.4
packaging       21.3
pandas          1.4.2
Pillow          9.1.1
pip             22.1.2
pygame          2.1.2
pyparsing       3.0.9
```

関連用語　`pip install` ➡ p.160, 169

基本ルール　演算子　書式と文字列　データ構造　分岐処理　繰り返し処理　入出力　変換　判定　数学　クラス　オブジェクト　システム

付録1　Pythonのインストール

Python 3.10.5 (Windows64bit 版) を入手して, Windows10 にインストールする手順の概要を紹介します。

【インストーラの入手と実行】

❶ 公式サイトにアクセスする。https://www.python.org/

❷ Downloads タブをクリックして開いたウィンドウ内の Python3.10.5 ボタンをクリックする。

❸ ダウンロード終了後, 任意の場所に保存する。(ここでは「ダウンロード」フォルダー)

❹ 保存したインストーラ「python-3.10.5-amd64.exe」をダブルクリックして実行する。

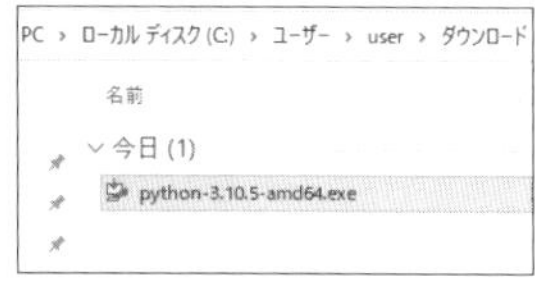

【インストール中の設定】

❶ インストールオプションの選択画面で「Add Python 3.10 to PATH※」のチェックボックスにチェックを入れる (推奨)。

❷ チェックが入ったことを確認できたら,「Install Now」をクリックする。

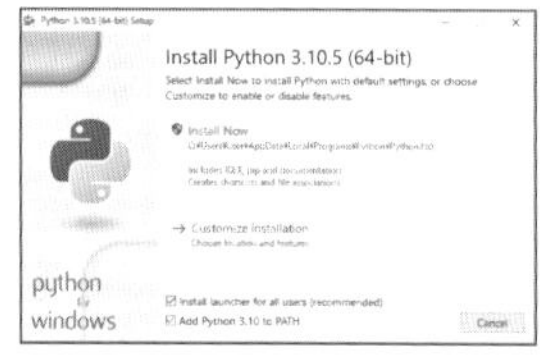

※ PATH を設定しておくと, どのフォルダーからも Python プログラムが実行できるようになる。

❸ しばらく待つと，インストール終了の画面が表示される。「Disable path length limit※」オプションを実行してパスの長さ制限を解除したい場合は，クリックして実行しておく（実行完了すると，このオプションは表示されなくなる）。

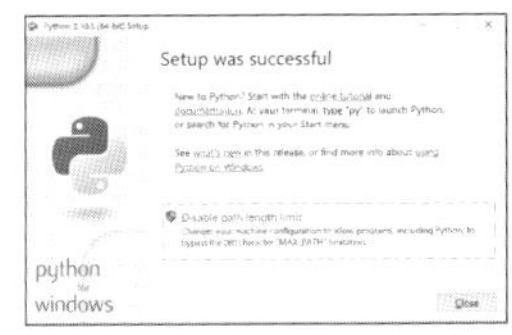

❹ Close ボタンをクリックする。

【Python の実行と終了】

❶「Windows システムツール」－「コマンド プロンプト」をクリックして，コマンドプロンプトアプリを起動する（ターミナルアプリでもよい）。

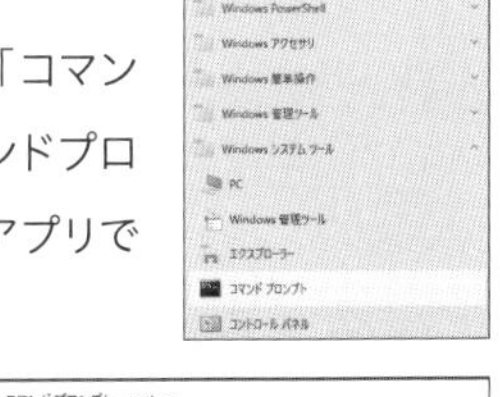

❷ プロンプト「>」に続いて「python」と入力して Enter キーを押すと，インストールした Python 3.10.5 が実行される。

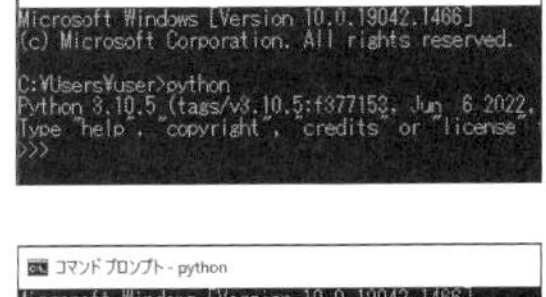

❸ Python プロンプト「>>>」に続いて「print("Hello Python")」と入力して Enter キーを押すと，Python の print() 関数により，文字列「Hello Python」が画面に表示される。

❹ Python を終了するときは，「>>>」に続いて「exit()」と入力して，Enter キーを押す。または「>>>」に続いて Ctrl +Zキーを押して「^Z」と入力して，Enter キーを押す。

※実行すると，260 文字までに設定されているパス（フォルダとファイル名）の長さ制限が解除される。

付録2 IDLEの使い方

Python 3.10.5（Windows64bit版）に付属する統合開発環境であるIDLEの使い方を紹介します。IDLEでは対話的に直接プログラムを入力して実行するモードと，プログラムをファイルに保存して実行するモードがあります。

【IDLEの起動】

❶ Windowsボタン－すべてのアプリ－Python3.10にあるIDLE（Python 3.10 64-bit）をクリックすると，IDLEが起動される。

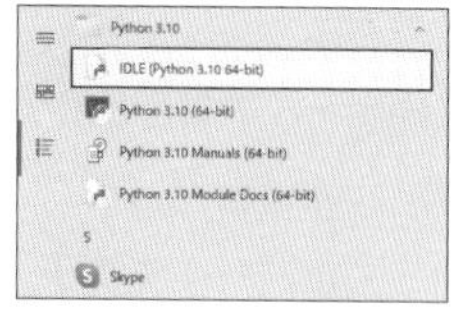

【Pythonシェルの利用】※対話的に直接プログラムを入力して実行

❶ Pythonプロンプト「>>>」に続いて「print("Hello Python")」と入力してEnterキーを押すと，Pythonのprint()関数により，文字列「Hello Python」が画面に表示される。

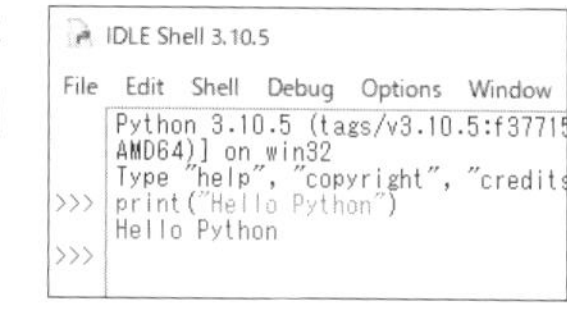

【Pythonファイルを作成して実行】※プログラムをファイルに保存して実行

❶ IDLEメニューのFile－New Fileを選択すると，プログラムを作成するための新しいウィンドウが表示される（Ctrl＋Nキーを入力してもよい）。

❷ プログラムを入力する。

(例)

```
x = 1
y = 1
print(x + y)
```

❸ IDLE メニューの File − Save As を選択すると，「名前を付けて保存」画面が表示される（Ctrl + Shift + S キーを入力してもよい）。

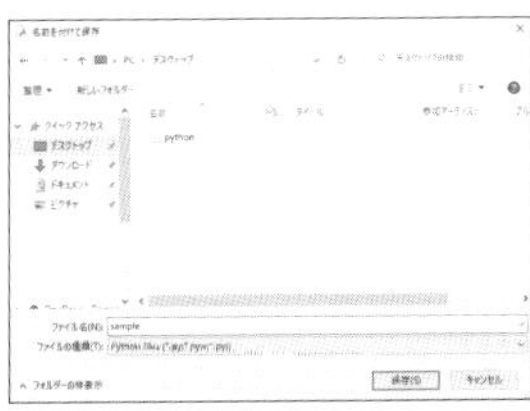

❹ 保存したいフォルダ（ここではデスクトップ）とファイル名（sample）を入力して，保存ボタンをクリックする（ファイルの拡張子 .py は自動的に入力される）。

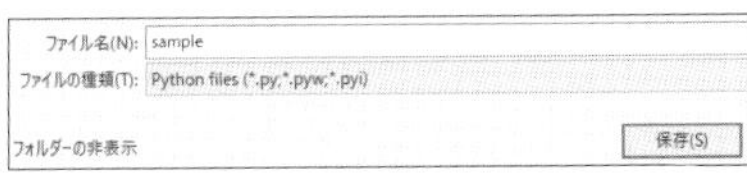

❺ IDLE メニューの Run − Run Modules を選択するとプログラムが実行され，IDLE Shell 画面に実行結果が表示される（F5 キーを入力してもよい）。

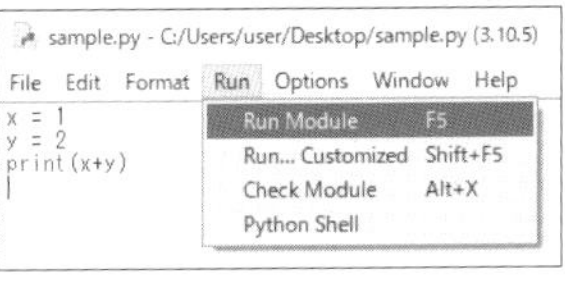

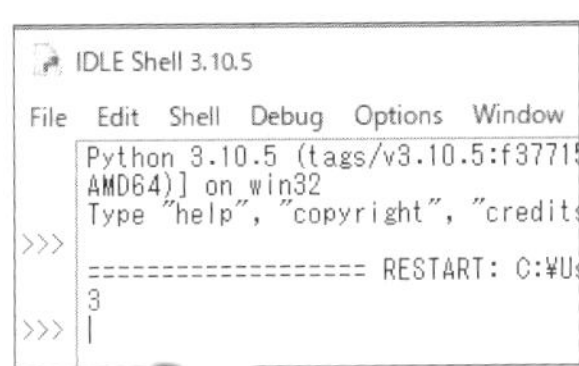

【IDLE の終了】

❶ 開いているウィンドウの右上にある × ボタンをクリックする。

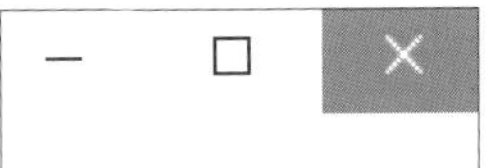

付録 3　Visual Studio Code※（VSCode）のインストール

VSCode（Windows64bit 版）を入手して，Windows10 にインストールする手順の概要を紹介します。

【インストーラの入手と実行】

❶ Microsoft 公式ダウンロードサイトにアクセスして，インストーラをダウンロードする。

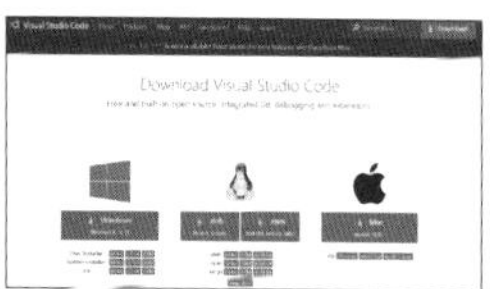

https://code.visualstudio.com/download

❷ ダウンロード終了後，インストーラをダブルクリックする（ここでは「ダウンロード」フォルダー）。

【インストール中の設定】

❶「規約に同意」「インストール先の指定」「スタートメニューフォルダーの設定」「追加タスクの選択」の画面で「次へ」をクリックする（設定する内容は必要に応じて変更する。本書では標準設定のままインストールしている）。

❷ インストール準備完了画面で設定内容を確認できたら,「インストール」をクリックする。

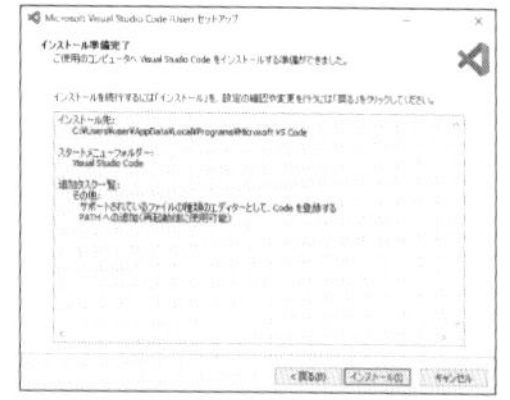

※ Microsoft が提供している開発・提供しているコードエディター。コードの色分け（シンタックスハイライト）やコードの自動補完など，プログラミング支援機能を利用することができる。

❸ しばらく待つと，セットアップウィザードの完了画面が表示される。「Visual Studio Code を実行する」にチェックが入っていることを確認して，「完了」をクリックする。

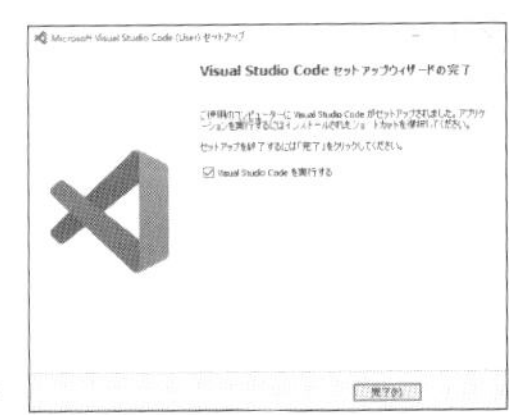

【VSCode の日本語化とフォルダー設定】

❶ 起動した VSCode は英語表記のため，画面右下に表示されるメニューの「インストールして再起動」をクリックする。

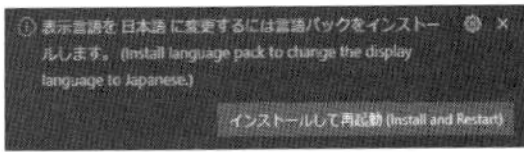

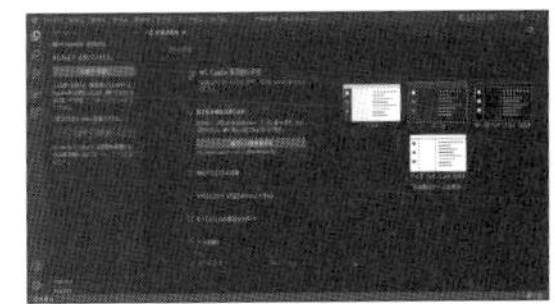

❷ 日本語表記の VSCode が再起動されるので，「完了のマーク」をクリックして設定を完了する(本書では画面の配色等は標準設定のまま設定完了している)。

❸ エクスプローラーの「フォルダーを開く」をクリックして，フォルダーを指定する（ここではデスクトップにある Python を指定)。

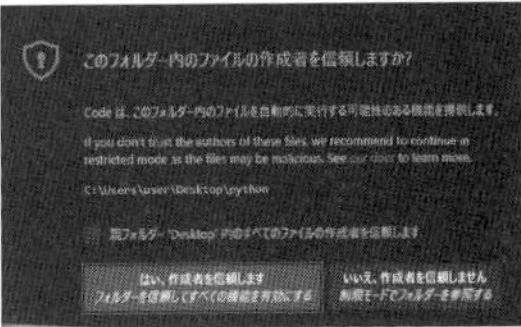

❹ 確認画面が表示されるので「はい，作成者を信頼します」をクリックすると，指定したフォルダー※がエクスプローラーに表示される。

※ VSCode で作成したプログラムファイル（ファイルの拡張子は .py）などが保存されるフォルダーとなる。

【プログラム作成と実行】

❶ エクスプローラーの「新規作成」をクリックして，プログラムファイル名（ここでは「test.py」）を入力して Enter キーを押すと，右側にプログラム入力画面が表示されるので，プログラムを入力する。

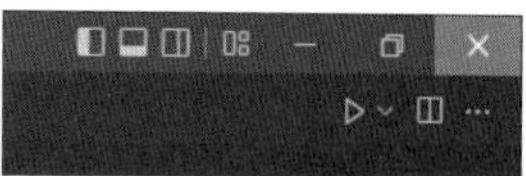

❷ 画面右上の▷をクリックしてプログラムを実行する。

❸（デバックするための拡張機能の確認画面が表示された場合のみ）「Python 拡張機能の検索」をクリックする。

❹ 検索された「Python IntelliSence(Pylance)…」の「インストール」をクリックする。

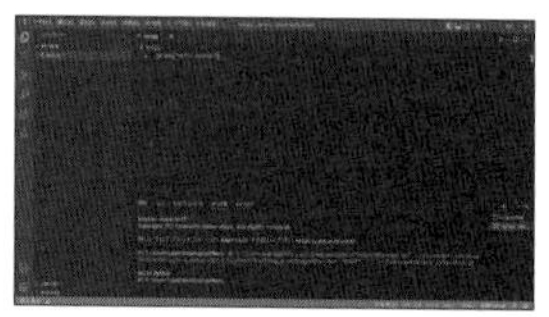

❺ しばらく待つと「インストール済み」となるので，「test.py」タブをクリックして，プログラム画面を開く。

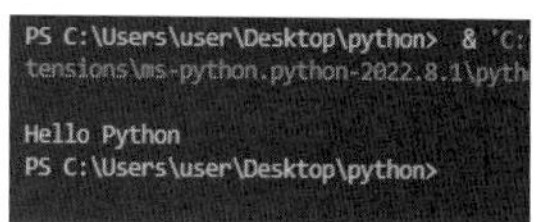

❻（❸と同じ）▷をクリックすると，プログラム下のターミナル画面に，実行結果が表示される。

付録 4　外部ライブラリのインストール

Python の外部ライブラリ（numpy，pygame など）を利用する場合は，pip を利用してライブラリをインストールしておきます。Python3.10.5（Windows64bit 版）に外部ライブラリ（pygame2.1.2）をインストールする手順の概要を紹介します。

【外部ライブラリのインストール】

❶「Windows システムツール」－「コマンド プロンプト」をクリックして，コマンドプロンプトアプリを起動する（ターミナルアプリでもよい）。

❷ プロンプト「>」に続いて「pip install pygame」と入力して Enter キーを押す。

```
コマンド プロンプト
Microsoft Windows [Version 10.0.19044.1766]
(c) Microsoft Corporation. All rights reserved.

C:¥Users¥user>pip install pygame
```

❸ インターネットからライブラリが自動的にダウンロードされて，インストール※される。

```
コマンド プロンプト
Microsoft Windows [Version 10.0.19044.1766]
(c) Microsoft Corporation. All rights reserved.

C:¥Users¥user>pip install pygame
Collecting pygame
  Downloading pygame-2.1.2-cp310-cp310-win_amd64.whl (8.4 MB)
Installing collected packages: pygame
Successfully installed pygame-2.1.2
```

【インストールした外部ライブラリの確認】

❶ プロンプト「>」に続いて「pip list」と入力して Enter キーを押すと，インストールした外部ライブラリの名前とバージョンの一覧が表示される。

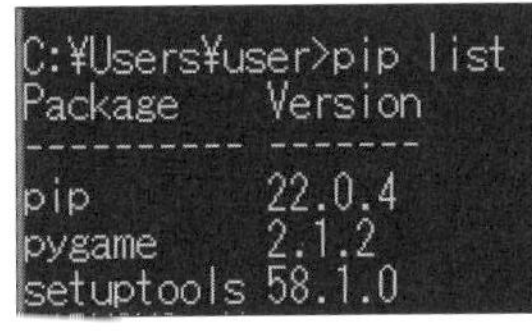

※使用する PC はインターネット接続が必要である。その他必要なライブラリが同時にインストールされることもある。

さくいん Index

Python コード

用語

カテゴリー別さくいん

メソッド

命令

標準ライブラリ

外部ライブラリ

●本書の関連データがwebサイトからダウンロードできます。
https://www.jikkyo.co.jp/download/ で
「Python　プログラミング事典」を検索してください。
提供データ：使用例プログラム

■執筆

山﨑貴史（やまざきたかし）

廣田龍之介（ひろたりゅうのすけ）

森田直人（もりたなおと）

本書に関するお問い合わせに関して

●正誤に関するご質問は，下記いずれかの方法にてお寄せください。
・弊社Webサイトの「お問い合わせフォーム」へのご入力。
https://www.jikkyo.co.jp/contact/application.html
・「書名・該当ページ・ご指摘内容・住所・メールアドレス」を明記の上，FAX・郵送等，書面での送付。
FAX：03-3238-7717
●下記についてあらかじめご了承ください。
・正誤以外の本書の記述の範囲を超えるご質問にはお答えいたしかねます。
・お電話によるお問い合わせは，お受けしておりません。
・回答期日のご指定は承っておりません。
●本書は，2022年8月の環境にて編集されています。各社，各団体により予告なく仕様変更される場合がございますが，仕様変更に関するお問い合わせには対応は致しかねますので，あらかじめご了承ください。

●表紙・本文デザイン——難波邦夫
●表紙イラスト——しばさな
●DTP制作——株式会社明友社

Python
ハンディプログラミング事典

2022年11月25日　初版第1刷発行

●執筆者　山﨑貴史 ほか2名（別記）
●発行者　小田良次
●印刷所　株式会社広済堂ネクスト

●発行所　実教出版株式会社
〒102-8377
東京都千代田区五番町5番地
電話［営　　業］(03) 3238-7765
　　［企画開発］(03) 3238-7751
　　［総　　務］(03) 3238-7700
https://www.jikkyo.co.jp/

ISBN 978-4-407-35591-8　C3004　Printed in Japan